Meu Ensino

Campo Freudiano no Brasil

Coleção dirigida por Judith (*in memoriam*) e Jacques-Alain Miller
Assessoria brasileira: Angelina Harari

PARADOXOS DE LACAN
série apresentada por Jacques-Alain Miller

~ *Nomes-do-Pai*

~ *O triunfo da religião*
precedido de *Discurso aos católicos*

~ *Meu ensino*

~ *O mito individual do neurótico*

~ *Estou falando com as paredes*

Jacques Lacan

Meu Ensino

Tradução:
André Telles

Revisão técnica:
Ram Mandil

ZAHAR

Tradução autorizada da primeira edição francesa,
publicada em 2005 por Éditions du Seuil, de Paris, França

Título original
Mon Enseignement

Capa
Dupla Design

Revisão tipográfica
Vania Santiago
Eduardo Monteiro

CIP-Brasil. Catalogação-na-fonte
Sindicato Nacional dos Editores de Livros, RJ.

L129m

Lacan, Jacques, 1901-1981
Meu ensino / Jacques Lacan; tradução, André Telles. — 1ª ed. — Rio de Janeiro: Zahar, 2006.
(Campo Freudiano no Brasil; Paradoxos de Lacan)

Tradução de: Mon Enseignement.
Inclui bibliografia
ISBN 987-85-7110-928-5

1. Lacan, Jacques, 1901-1981. 2. Psicanálise. I. Título.

06-1877

CDD: 150.195
CDU: 159.964.2

EDITORA SCHWARCZ S.A.
Praça Floriano, 19, sala 3001 — Cinelândia
20031-050 — Rio de Janeiro — RJ
Telefone: (21) 3993-7510
www.companhiadasletras.com.br
www.blogdacompanhia.com.br
facebook.com/editorazahar
instagram.com/editorazahar
twitter.com/editorazahar

Sumário

Preâmbulo

Estamos em 1967, depois em 1968, antes do mês de maio. Os Escritos *foram publicados no fim de 1966. Lacan é convidado para falar sobre eles nos mais diversos lugares. Às vezes aceita viajar ao interior da França.**

Vê-se diante de auditórios que não conhecem o que ele chama de seu "ritornelo". Improvisa, relata seus desencantos com os colegas, expõe os conceitos da psicanálise num estilo bem familiar. É engraçado. Por exemplo: "O inconsciente é conhecido desde sempre. Mas na psicanálise é um inconsciente que pensa vigorosamente. Então aí, atenção, calma."

Às vezes beira o esquete, à la Pierre Dac, à la Devos, à la Bedos: "Os psicanalistas não dizem absolutamente o que sabem, mas deixam-no a entender. 'A gente sabe um pouquinho, mas sobre isso bico calado, acertamos entre nós.' Entra-se nesse campo de saber por uma experiência única, que consiste simplesmente em se submeter a uma psicanálise. Depois disso, poder-se-ia falar. Poder-se-ia falar, o que não quer

* Também vai à Itália, onde faz três conferências, cujo texto, redigido previamente, faz parte dos *Outros escritos*, Rio de Janeiro, Zahar, 2003.

dizer que se fale. Poder-se-ia. Poder-se-ia caso se quisesse, e querer-se-ia de fato caso se falasse a pessoas como nós, que sabem, senão para quê? Logo, cala-se tanto com aqueles que sabem como com aqueles que não sabem, pois os que não sabem não podem saber."

Depois vêm as coisas mais complexas, mas sempre introduzidas com grande simplicidade.

Este terceiro volume dos "Paradoxos de Lacan" agrupa três conferências inéditas em livro, cujo texto foi estabelecido por mim. Trata-se de:

– "Lugar, origem e fim do meu ensino", no Vinatier, em Lyon, asilo fundado sob a monarquia de Julho; a conferência é seguida por um diálogo com o filósofo Henri Maldiney.

– "Meu ensino, sua natureza e seus fins", em Bordeaux, para residentes de psiquiatria.

– "Então, vocês terão escutado Lacan", na Faculdade de Medicina de Estrasburgo; o título é extraído do início da conferência.

Jacques-Alain Miller

Lugar, origem e fim do meu ensino

Não penso entregar-lhes meu ensino sob a forma de um comprimido, o que me parece difícil.

Talvez alguém faça isso mais tarde. É sempre assim que termina. Quando se está fora de cena há algum tempo, você se resume a três linhas nos manuais – no que me diz respeito, manuais não se sabe de quê. Não posso prever em que manuais serei inserido pela razão de que não prevejo nada do futuro que se refira ao meu ensino, isto é, a psicanálise. Não se sabe o que essa psicanálise se tornará. Quanto a mim, almejo que se torne alguma coisa, mas não é certo que tome esse caminho.

Por aí vocês vêem que este título, "Lugar, origem e fim do meu ensino", pode começar a assumir um sentido que não é apenas o de um resumo. Trata-se, para mim, de colocá-los no curso de uma coisa que está engajada, que está em vias, alguma coisa de não-finda, que só findará provavelmente comigo, caso eu não seja vítima de um desses lamentáveis incidentes que nos fazem sobreviver a nós mesmos.

Está feito como uma dissertação bem-feita, há um início, um começo, um fim. "Lugar", é porque deve-se efetivamente começar pelo começo.

1

No início não é a origem, é o lugar.

Talvez aqui haja dois ou três com uma pequena idéia dos meus ritornelos. Lugar é um termo de que me sirvo bastante, pois não raro há referências ao lugar no campo a propósito do qual incidem meus discursos, ou meu discurso, como preferirem. Para se estar nesse campo, convém dispor do que se chama em outros domínios mais sólidos uma topologia e ter uma noção de como é construído o suporte sobre o qual se inscreve o que está em pauta.

Certamente não irei muito longe esta noite, uma vez que não posso simplesmente oferecer-lhes um comprimidinho do meu ensino. "Lugar" terá assim um alcance bem diverso na topologia, no sentido da estrutura, em que se trata por exemplo de saber se uma superfície é uma esfera ou um anel, pois o que se pode fazer com ambos não é em nada semelhante. Mas não se trata disso. O lugar pode ter um sentido completamente diferente. Trata-se simplesmente do lugar aonde cheguei, o que me põe na postura de ensinar, uma vez que ensino há.

Pois bem, este lugar deve ser inscrito no registro do que é a sorte comum. Ocupa-se o lugar aonde um ato o empurra assim, da direita ou da esquerda, aleatoriamente. Houve circunstâncias em que, a bem da verdade, precisei tomar as rédeas daquilo a que não me julgava absolutamente destinado.

Tudo girou em torno disso, de que a função do psicanalista não é algo natural, de que ela não existe por si só no que tange a atribuir-lhe seu status, seus hábitos, suas referências e, justamente, seu lugar no mundo.

Há os lugares de que falei ainda há pouco, os lugares topológicos, os lugares na ordem da essência, e, depois, há o lugar no mundo. Este se adquire geralmente em virtude da precipitação. Isso dá esperança, em suma. Por mais numerosos que vocês sejam, com um pouco de sorte acabarão sempre ocupando determinado lugar. A coisa pára por aí.

No que diz respeito ao meu lugar, as coisas remontam ao ano de 1953. Vive-se então, na psicanálise na França, um momento que se poderia dizer de crise. Trata-se de dar lugar a certo dispositivo que deveria regular o status dos psicanalistas no futuro.

Tudo isso, acompanhado de grandes promessas eleitorais. A seguirmos o sr. Fulano de Tal, dizem, o status dos psicanalistas será rapidamente acompanhado por todo tipo de sanções, bênçãos oficiais e, muito especialmente, médicas.

Como é comum nesse tipo de promessa, nada foi cumprido. Contudo, um certo ordenamento se cumpriu.

Essa mudança de costume acabou não sendo conveniente para todo mundo, por razões extremamente contingentes. Enquanto as coisas não foram postas no lugar, houve tiroteios, o que chamam de conflitos.

Nesse caos, vi-me com certo número em uma canoa. Durante dez anos, caramba, vivemos com os recursos a bordo. Não que estivéssemos absolutamente sem recursos, não estávamos prostrados. Ali dentro, aconteceu que o que eu tinha a dizer sobre a psicanálise ganhou certo alcance.

Estas não são coisas que se façam por si sós. Pode-se falar da psicanálise desse jeito, ora essa, e é bem fácil constatar que se fala dela desse jeito. Pouco menos fácil é falar dela todos os sete dias da semana impondo-se efetivamente como disciplina nunca repetir a mesma coisa, não dizer o que já é corriqueiro, embora o que já seja corriqueiro não seja absolutamente dispensável de se conhecer. Mas quando o que já é corriqueiro parece deixar um pouco a desejar, parece pecar pela base, então isso tem conseqüência bem diferente.

Todos julgam ter uma idéia suficiente sobre a psicanálise. "O inconsciente, ora, é o inconsciente." Todos sabem agora que existe um inconsciente. Não há mais problemas, mais objeções, mais obstáculos. Mas o que é esse inconsciente?

Conhecemos o inconsciente desde sempre. Claro que há um monte de coisas que são inconscientes, inclusive todo o mundo fala sobre isso há muito tempo na filosofia. Na psicanálise, porém, o inconsciente é um inconsciente que pensa vigorosamente. É louco o que elucubra esse inconsciente. São pensamentos, dizem.

Então, aí, atenção, calma. "Se são pensamentos, isso não pode ser inconsciente. A partir do momento em que isso pensa, isso pensa que isso pensa. O pensamento é transparente a si mesmo, não se pode pensar sem saber que se pensa."

Claro, essa objeção não tem mais importância alguma agora. Não que alguém tenha realmente feito uma idéia do que ela tem de refutável. Ela parece refutável, ao passo que é irrefutável. É justamente isso o inconsciente. É um fato, um fato novo. Será preciso começar a pensar algo que dê conta disso, de que pode haver pensamentos inconscientes. Isso não é óbvio.

De fato, ninguém nunca se prendeu realmente a isso, que, no entanto, é uma questão altamente filosófica.

Daqui a pouquinho irei lhes dizer que não foi por essa ponta que peguei as coisas. Ocorre que a ponta pela qual peguei as coisas resolve facilmente essa objeção, mas ela sequer é mais uma objeção, porque todo o mundo tem sua religião no que se refere a isso.

O inconsciente, pronto, é admitido, e, afinal, muitas outras coisas parecem admitidas, embrulhadas confusamente, mediante as quais todos crêem saber o que é uma psicanálise, exceto os psicanalistas, e isso é muito chato. Eles são os únicos a não sabê-lo.

Não apenas não o sabem, como até certo ponto isso é completamente justificável. Se julgassem sabê-lo de cara, assim, seria grave, não haveria mais psicanálise em absoluto. No fim das contas todos concordam, a psicanálise é um assunto encerrado, mas, para os psicanalistas, não pode sê-lo.

É nesse ponto que isso começa a ficar interessante. Há duas formas de proceder nesses casos.

A primeira é tentar aproveitar o vento e questionar isso. Uma operação, uma experiência, uma técnica a propósito da qual os técnicos são obrigados a reconhecer que não sabem nada sobre o que é mais central, mais essencial, não seria mal assistir a isso, hein! Poderia despertar muitas simpatias, porque apesar de tudo há um monte de coisas de nosso destino comum que são dessa espécie, e são inclusive precisamente as coisas de que a psicanálise se ocupa.

Só que, vejam, a sorte fez com que os psicanalistas tivessem sempre adotado a atitude oposta. Eles não dizem absolutamente que sabem, mas deixam-no a entender. "A gente sabe um pouquinho, mas, sobre isso, bico calado, acertamos entre nós." Entra-se nesse campo de saber por uma experiência única, que consiste simplesmente em se submeter a uma psicanálise. Depois disso, poder-se-ia falar. Poder-se-ia falar, o que não quer dizer que se fale. Poder-se-ia. Poder-se-ia caso se quisesse, e querer-se-ia de fato caso se falasse a pessoas como nós, que sabem, senão para quê?

Logo, cala-se tanto com aqueles que sabem como com aqueles que não sabem, pois os que não sabem não podem saber.

Afinal de contas, essa atitude é sustentável. A prova é que é sustentada. Contudo, não é do gosto de todo o mundo. Ora, o psicanalista tem uma fraqueza, assim, em algum lugar. É uma fraqueza muito grande.

Tudo o que eu disse até o presente pode lhes parecer cômico, mas não são fraquezas, é coerente. Só que há uma coisa que o faz mudar de atitude, e é no que ele começa a ficar incoerente.

A fraqueza do psicanalista, seu pendor, ele sabe muito em que convém evitar ceder-lhe, e, na prática cotidiana, claro, ele se mantém de sobreaviso. Em contrapartida o psicanalista tomado no coletivo, os psicanalistas quando há uma massa deles, um bando, querem que se saiba que estão ali *pelo bem de todos*.

Prestam inclusive muita atenção para não terem a fraqueza de ir rápido demais pelo bem do singular, pelo bem daquele com quem lidam, porque sabem muito bem que não é querendo o bem das pessoas que se é bem-sucedido e que, na maior parte do tempo, dá-se inclusive o contrário. Felizmente, contudo, para eles esta é uma idéia adquirida em virtude de sua experiência.

Eles estão longe de ser, do lado de fora, verdadeiros propagandistas da psicanálise, ao passo que seria salubre que mais pessoas soubessem que não é querendo muito bem ao próximo que se lho faz. Isso poderia servir.

Não, os psicanalistas enquanto corpo representado fazem questão absoluta de ficarem do lado bom, do lado que interessa. Então, para impor isso, precisam mostrar que o que fazem, o que dizem, já foi descoberto em algum lugar, que já foi dito, que vemos por aí. Quando se chega à mesma encruzilhada de outras ciências, diz-se uma coisa análoga, a saber, que aquilo não é tão novo, que já se pensou naquilo.

Assim, associamos esse inconsciente a antigos ecos e apagamos o limite que permitiria ver que o inconsciente freudiano não tem absolutamente nada a ver com o que até aqui chamamos de "inconsciente".

Essa palavra foi usada, mas que o inconsciente seja inconsciente não é o que é característico. O inconsciente não é uma característica negativa. Há no meu corpo um monte de coisas de que não sou consciente, que não fazem em absoluto parte do inconsciente freudiano. Não é porque o corpo é de tempos em tempos envolvido por ele que o inconsciente do corpo esteja em pauta no inconsciente freudiano.

Dou-lhes esse exemplo porque não quero extrapolar demais. Acrescentarei apenas que eles chegam inclusive a fazer crer que a sexualidade de que falam é a mesma coisa que a de que falam os biólogos. De forma alguma. É uma boa lábia [*boniment*].

Desde Freud, a equipe psicanalítica faz sua propaganda num estilo que o termo lábia diz muito bem. Há o bom e há o bem, de que lhes falava ainda há pouco. Isso tornou-se realmente uma segunda natureza nos psicanalistas. Quando estão entre eles, os problemas que estão realmente em jogo, que se agitam, que podem inclusive provocar sérios conflitos entre eles, são problemas para aqueles que sabem. Mas para os que não sabem contam-se coisas destinadas a fazer, para eles, caminho, acesso, passeio. É um clichê, faz parte do estilo psicanalítico.

Isso pode ser sustentado. Não está mais de forma alguma no que podemos chamar de campo do coerente, mas, afinal de contas, conhecemos muitas coisas no mundo que vivem sobre estas bases. Faz parte do que sempre se fez num certo registro que não foi por nada que qualifiquei de "propaganda". Esse termo tem uma origem absolutamente precisa na história e na estrutura sociológica. É a *Propaganda fidei*. É o nome de um prédio em algum lugar de Roma onde qualquer um pode fazer suas entradas e suas saídas. Logo, isso se faz e isso sempre foi feito. A questão é saber se é sustentável no que diz respeito à psicanálise.

Será a psicanálise pura e simplesmente uma terapêutica, um medicamento, um emplastro, um pó de pirlimpimpim, tudo que cura? À primeira vista, por que não? Só que a psicanálise não é absolutamente isso.

Aliás, convém confessar que, se assim fosse, caberia perguntar por que nos submeteríamos a ela, pois, realmente, de todos os emplastros, é um dos mais enjoados. Apesar de tudo, se existem pessoas que se metem nesse negócio infernal que consiste em visitar um sujeito três vezes por semana anos a fio, é porque, em todo caso, isso tem em si certo interesse. Não basta manipular palavras que não se compreendem, como "transferência", para explicar que a coisa rende.

Estamos apenas à porta das coisas. Sou realmente forçado a começar pelo começo se não quiser eu mesmo usar de lábia, o que consistiria em fazer como se achasse que vocês sabem algo relativo à psicanálise.

No início, portanto, eu era de fato obrigado a formular um certo número de evidências. Nada do que digo aqui é novo. Não apenas não é novo, como está na cara. Todo o mundo percebe muito bem que tudo o que se conta à guisa de explicações *ad usum* do público referente à psicanálise é lábia. Ninguém duvida disso porque, depois de um certo tempo, a lábia é identificada.

Pois bem, o curioso, vejam, é que estamos em 1967 e que essa coisa começou, *grosso modo*, no início do século, digamos até, levando as coisas um pouco mais longe, quatro ou cinco anos antes, se quisermos realmente chamar de "psicanálise" o que Freud fazia quando estava sozinho – tudo bem, ela está sempre presente.

A psicanálise, por meio de todas as suas lábias, tem bons pés e bons olhos, chegando a gozar de uma espécie de respeito, de prestígio, de efeito de imponência absolutamente singular, ainda mais se pensarmos no que são as exigências do espírito científico. De tempos em tempos, os que são cientistas ficam chateados, protestam, balançam os ombros. Mas mesmo assim resta alguma coisa disso, a ponto de as pessoas capazes de digerir as apreciações mais desagradáveis sobre a psicanálise invocarem em outros momentos este ou aquele fato, até mesmo este ou aquele princípio ou preceito da psicanálise, citarem um psicanalista, invocarem a aquisição de certa experiência como sendo a experiência psicanalítica. Em todo caso, é uma coisa que faz pensar.

Houve muitas lábias através da história, mas, ao examinarmos mais de perto, não há uma que tenha tido tal sobrevida – o que deve decerto responder a alguma coisa, alguma coisa que a psicanálise guarda consigo, que constitui justamente esse peso, essa dignidade. É uma coisa que ela guarda só para si, numa posição que eu próprio chamei algumas vezes pelo nome que ela merece: "extraterritorial".

Vale a pena nos determos aqui. Em todo caso, é uma porta de entrada para a questão que tento introduzir.

Por outro lado há efetivamente pessoas que não sabem nada do que é a psicanálise, que não estão nem aí, mas que ouviram falar dela, e falar tão mal que se servem do mesmo termo "psicanálise" quando se trata de nomear determinada forma de operar. Elas produzirão para vocês um livro como *Psicanálise da Alsácia-Lorena*, por exemplo, ou *do Mercado Comum*.

Este é um passo verdadeiramente introdutório, mas tem a vantagem de ser muito claramente enunciado, e sem mais referência do que convém ao mistério, aquele que cerca determinadas palavras que empregamos, palavras que carregam em si mesmas seu eletrochoque, que fazem sentido. É preciso se sacudir depois de tê-las ouvido, e começar a fazer perguntas. Por exemplo, a palavra "verdade". Que é isto, "a verdade"?

Bom, "psicanálise" é uma dessas palavras. À primeira vista, todo o mundo percebe que isso quer dizer alguma coisa bem à parte, sobretudo que a verdade é articulada nesse caso a um modo de representação que confere seu estilo a esta palavra, "psicanálise", e torna seu emprego secundário, se assim posso dizer.

A verdade de que se trata é exatamente como a imagem mítica que a representa. Isso é alguma coisa escondida na natureza, e que depois sai com a mesma naturalidade, sai do poço. Isso *sai* não é o bastante, isso *diz*. Diz coisas e, geralmente, coisas que não esperávamos. É o que entendemos quando se diz: "Finalmente sabemos a verdade sobre esse caso, alguém começou a pôr as cartas na mesa." Quando falamos de "psicanálise", quero dizer quando nos referimos a essa alguma coisa que impõe seu peso, é disso que se trata, inclusive o efeito correlato necessário, que é o que chamamos de efeito-surpresa.

Um dia um aluno meu me disse, bêbado – o que vem lhe acontecendo freqüentemente porque, de tempos em tempos, sucedem na vida dele coisas cruciais, como se diz –, que eu era um sujeito no gênero de Jesus Cristo. Estava gozando com a minha cara, não é mesmo?, isso é óbvio. Não tenho a menor relação com essa encarnação. Sou antes um sujeito do gênero de Pôncio Pilatos.

Pôncio Pilatos não teve sorte, tampouco eu. Ele disse esta coisa que é realmente corriqueira e fácil de dizer – "Que é a verdade?" Não teve sorte, formulou a questão à própria Verdade. Isso causou-lhe todo tipo de aborrecimento, e ele não ficou com boa reputação.

Gosto muito de Claudel. É uma de minhas fraquezas, pois não sou absolutamente papa-hóstia*. Claudel, com aquele incrível gênio divinató-

---

* No original, *thala*. Jargão utilizado pelos alunos da École Normale para se referir aos seus colegas de profissão católica. (N.T.)

rio de sempre, fez um pequeno suplemento de vida a Pôncio Pilatos.

Quando este dava uma volta, diz ele, sempre que passava em frente ao que se chama, na linguagem claudeliana, claro, um ídolo, como se fosse uma coisa repugnante, um ídolo, arrgh – pois bem, por ter, imagino, feito a pergunta da verdade justamente ali onde não convinha, à própria Verdade, sempre que passava diante de um ídolo, arrgh, a barriga do ídolo se abria e via-se que não passava de uma pança.

Pois bem, é um pouco o que acontece comigo. Vocês não imaginam o efeito que provoco nos ídolos psicanalíticos.

Voltemos.

É evidente que, nessas coisas, é preciso ir passo a passo. O primeiro tempo é o da verdade. Depois do que é dito sobre a verdade, ou do que se julga que ela diz desde o tempo em que fala, a psicanálise, naturalmente, não choca mais ninguém.

Quando uma coisa foi dita e repetida certo número de vezes, isso passa à consciência comum. Como dizia Max Jacob, e como me curvei a repeti-lo no fim de um dos meus escritos, "o verdadeiro é sempre novo", e, para ser verdadeiro, é preciso que seja novo. Tudo leva a crer que o que a verdade diz não o diz absolutamente da mesma forma que o discurso comum o repete.

E depois, certas coisas mudaram.

A verdade psicanalítica era que havia alguma coisa de muito importante na base, em tudo que se tramava efetivamente da interpretação da verdade, isto é, a vida sexual.

Será isso verdadeiro ou não-verdadeiro?

Se for verdadeiro, convém saber se era apenas porque ainda estávamos em pleno período vitoriano, quando a sexualidade tinha na vida de cada um o peso que agora tem na vida de todos.

De toda forma, existe agora alguma coisa mudada. A sexualidade é alguma coisa mais pública. Na verdade, não acho que a psicanálise tenha grande coisa a ver com isso. Enfim, sustentamos que, se a psicanálise tem alguma coisa a ver com isso, é precisamente o que estou em vias de dizer, ou seja, que não é verdadeiramente a psicanálise.

Por ora, a referência à sexualidade não é em si absolutamente o que pode constituir essa revelação do oculto de que eu falava. A sexualidade é todo tipo de coisa, os diários, os vestuários, a forma como nos comportamos, a forma como os meninos e meninas fazem isso, um belo dia, ao ar livre, no mercado.

Sua vida sexual [*sa vie sexuelle*], conviria escrever isto com uma ortografia particular. Aconselho-os vivamente o exercício que consiste em tentar transformar as formas como se escrevem as coisas. *Ça visse exuelle**, eis mais ou menos onde estamos.

É um exercício bem revelador, e depois, está na ordem do dia. Para aliciar as pessoas gulosas, aquelas que por ora entendem como fracassos que estivéssemos atirando na cara da lingüística, o sr. Derrida inventou a gramatologia. É preciso darlhe aplicações. Tentem brincar com a ortografia, é uma certa forma não de todo vã de tratar o equívoco. Verão, se escreverem a fórmula *ça visse exuelle*, isso pode ir longe. Isso esclarecerá certas coisas, poderá gerar uma pequena centelha nos espíritos.

O fato de que *ça visse si bien exuelle* faz com que haja evidentemente uma grande confusão quanto ao sujeito da verdade psicanalítica.

Os psicanalistas foram muito sensíveis a isso, devo dizer, é por isso que se ocupam de outras coisas. Ninguém mais ouve falar agora de sexualidade nos círculos psicanalíticos. As revistas de psicanálise, quando abertas, são as mais castas possíveis. Não se contam mais histórias de trepada, o que é bom para os jornais diários. Trata-se de coisas que vão longe no domínio da moral,

* Através do jogo ortográfico, Lacan evoca a presença do Isso (*Ça*), bem como a de um aparafusamento (*visse*). (N.T.)

como o instinto da vida. Ah sejamos bastante *instintivos de vida*, desconfiemos do instinto de morte. Vejam, entramos aí na grande representação, na mitologia superior.

Há pessoas que realmente acreditam que movem as alavancas de tudo isso, que nos falam disso como se se tratasse de objetos de manipulação corrente, tratando-se então de obter entre uns e outros o bom equilíbrio, a tangência, a interseção precisa, e com grande economia de força.

E sabem qual é o objetivo final? Obter em meio a tudo isso, e às eruditas instâncias daí resultantes, o que é conhecido por este nome grandioso, o eu forte, o forte eu.

Chegamos lá. Daí saem bons empregados. É isso, o eu forte. Evidentemente, é preciso haver um eu resistente para ser um bom empregado. Isso é feito em todos os níveis, no nível dos pacientes e, depois, no nível dos psicanalistas.

Assim mesmo, podemos nos perguntar se o ideal de um fim de tratamento psicanalítico é que um cavalheiro ganhe um pouco mais de dinheiro que antes e que, na ordem de sua vida sexual, acrescente, à ajuda moderada que pede à sua companheira conjugal, a de sua secretária. É o que em geral é considerado um excelente desfecho, quando um indivíduo via-se atrapalhado naquele momento com esse assunto, seja simplesmente porque tivesse uma vida infernal, seja porque tenha padecido de algumas dessas pequenas inibições que podem acontecer a qualquer um em diversos níveis, escritório, trabalho e, até mesmo, na cama, por que não?

Quando tudo isso é suspenso, o eu [*moi*] está forte e tranqüilo, a nádega firmou seu pequeno tratado de paz com o supereu, como se diz, e o isso não dá mais muita coceira, tudo bem. A sexualidade aí dentro é completamente secundária.

Meu querido amigo Alexander – pois este era um amigo, e não era besta, mas, como vivia nas Américas, respondia ao chamado – disse inclusive que a rigor a sexualidade devia ser considerada uma atividade extra. Vocês entendem, quando se fez tudo direito, pagaram-se os impostos regularmente, então o que sobra é a parte do sexual.

Deve haver um mal-entendido para que isso chegue a esse ponto. Caso contrário, não explicaríamos a enorme abertura teórica necessária para que a psicanálise se instalasse e, inclusive, tomasse decentemente seus lugares no mundo e depois inaugurasse essa extravagante moda terapêutica. Por que tanto discurso se é para chegar a isso? De toda forma, parece haver aí alguma coisa que não se encaixa. Talvez fosse conveniente procurar outra coisa.

Poderíamos em primeiro lugar achar que deveria realmente haver uma razão para que a sexualidade assumisse por uma vez a função da verdade – nem que fosse uma única vez, mas, justamente, é apenas uma vez. Afinal, a sexualidade não é uma coisa tão inaceitável. E, depois, uma vez assumida, ela a preserva.

Aquilo de que se trata está realmente ao alcance da mão, em todo caso ao alcance do psicanalista, que nos testemunha isso quando fala de algo sério, e não de seus resultados terapêuticos. O que está ao alcance da mão é que a sexualidade faz furo na verdade.

A sexualidade é justamente o terreno, se posso dizer, onde não se sabe sobre que pé dançar a propósito do que é verdadeiro. E no que se refere à relação sexual, coloca-se sempre a questão do que se faz realmente – não diria quando alguém diz a alguém "eu te amo", porque todo o mundo sabe que é uma frase de otário, mas quando se tem com alguém um laço sexual, quando isso tem uma seqüência, quando assume a forma do que chamamos de ato.

Um ato não é simplesmente alguma coisa que sai da gente assim, uma descarga motora, como diz volta e meia e sem cerimônia a teoria analítica – ainda que, com a ajuda de um certo número de artifícios, aberturas diversas, ou mesmo com o estabelecimento de certa promiscuidade, cheguemos a fazer do ato sexual alguma coisa que, como dizem, tem tanta importância quanto beber um copo d'água.

Isso não é verdade, e logo percebemos, porque nos acontece justamente beber um copo d'água e, depois disso, ter uma cólica. Isso não funciona sozinho por razões que se devem à essência da coisa, isto é, ao perguntarmos se somos verdadeiramente um homem ou, no caso de uma mulher, se somos verdadeiramente uma mulher dentro dessa relação. Não é apenas a parceira que se pergunta isso, é cada um, si mesmo, que se pergunta, e isso conta, isso conta para todo o mundo, conta imediatamente.

Então, quando falamos de um furo na verdade, não é, naturalmente, uma metáfora grosseira, não é um furo no casaco, é o aspecto negativo que surge no que tange ao sexual, justamente no que tange à sua inaptidão a se comprovar. É disso que se trata em uma psicanálise.

Evidentemente, quando se começa a encetar as coisas assim, não se pode ficar nisso. A partir de uma questão como esta, que é verdadeiramente atual, presente para todos, pode-se fazer sentir a renovação do sentido do que desde a origem Freud chamou de "sexualidade".

Os termos de Freud reanimam-se, ganham novo alcance. Percebemos inclusive seu alcance literário, isto é, a que ponto se prestam como letras à manipulação de que se trata. O ideal é justamente levar as coisas tão longe, meu Deus, quanto comecei a levá-las. Levei as literárias até o último termo, a saber, o que se consegue fazer da linguagem quando se quer evitar os equívocos, isto é, reduzi-la ao literal, às letrinhas da álgebra.

Isso nos conduz imediatamente ao meu segundo capítulo, a origem do meu ensino.

2

Vejam vocês, aqui é o contrário de ainda há pouco.

Eu lhes disse que o lugar era o acidente. No fim das contas, fui empurrado para o furo de que falamos, onde ninguém quer entrar. Se brigo seriamente, é decerto porque isso começou, não se pode parar assim.

Agora, sobre o tema da origem, bem, isso certamente não quer dizer o que lhes pode sugerir ao ouvido, saber em primeiro lugar em que momento e por que isso começou.

Não estou lhes falando do que se chama nobremente nas teses da Sorbonne ou de outras faculdades de letras de as origens do meu pensamento, nem mesmo da minha prática. Alguém bem-intencionado queria que eu lhes falasse do sr.

de Clérambault, mas não falarei porque, na verdade, isso não funciona.

Clérambault apontou-me algumas coisas. Ensinou-me simplesmente a ver o que eu tinha à minha frente, um louco. Como convém a um psiquiatra, ensinou-me interpondo, entre eu e isso, um louco, que afinal é tudo o que há de mais preocupante no mundo. Um psiquiatra sempre interpõe alguma coisa.

Então, temos à nossa frente um fulano que tem o que Clérambault chamava de "automatismo mental", isto é, um fulano que não pode fazer um gesto sem que seja comandado, sem que lhe digam – "Ele está fazendo isso, o pestinha". Se você não é psiquiatra, se tem simplesmente uma atitude, digamos, humana, intersubjetiva, simpática, um fulano que lhe conta um troço desses, isso deve realmente dar um frio na espinha.

Um fulano que vive assim, que não pode fazer um gesto sem que se diga: "Veja, ele está estendendo o braço, que babaca", é assim mesmo uma coisa fabulosa, mas se você decretou que foi devido a uma espécie de efeito mecânico em algum lugar, de uma coisa que irrita sua própria circunvolução e que, aliás, ninguém nunca viu, veja como você volta a serenar. Clérambault instruiu-me bastante acerca do status do psiquiatra.

Naturalmente, sobre o automatismo mental, como ele o chamava, decorei a lição. Muita gente percebeu isso depois e o exprimiu aproximadamente nos mesmos termos, o que não quer dizer que se mereça sempre um prêmio quando se recebe alguma coisa de seu chefe. Dito isto, ele enxergava muito bem as coisas, pois, de toda forma, antes dele ninguém percebera a natureza desse estado mental. Por quê, senão porque eles tornavam os véus ainda mais espessos? Chegavam de tal maneira a colocar "Faculdade-de-Letras" entre eles e seus loucos que sequer enxergavam os fenômenos.

Ainda hoje é possível enxergar mais, descrever de forma completamente diferente a alucinação. Bastaria que se fosse verdadeiramente psicanalista, mas não se é. Não se é exatamente na medida em que, ainda que se o seja, fica-se a essa nobre distância do que ainda chamamos, mesmo quando se é psicanalista, de doente mental. Enfim, deixemos isso.

No que diz respeito à origem do meu ensino, bem, não se pode falar dela, assim como não se pode falar de nenhuma outra questão das origens.

A origem do meu ensino é bem simples, está presente desde sempre, uma vez que o tempo nasceu com aquilo de que se trata. Com efeito, meu ensino é muito simplesmente a linguagem, nada além disto.

Para a maioria de vocês, é provavelmente a primeira vez que uma idéia dessas lhes cai no ouvido sob esta incidência, pois creio que, de toda forma, há um bom número aqui que ainda não entrou no século das Luzes. É provável que um bom número aqui acredite que a linguagem é uma superestrutura. Até o sr. Stálin não acreditava nisso. Realmente, ele se deu conta de que, se começassem assim, aquilo podia dar errado e que num país que eu ousaria chamar de avançado – provavelmente não terei tempo de dizer por quê – isso podia ter conseqüências. É raríssimo que uma coisa feita na Universidade possa ter conseqüências, uma vez que a Universidade é feita para que o pensamento nunca venha a ter conseqüências. Mas quando se agarra o freio com os dentes, como aconteceu em algum lugar em 1917, quando o sr. Marr declara que o fato de a linguagem ser uma superestrutura poderia ter conseqüências, é possível, por exemplo, começar a mudar o russo. Num piscar de olhos o pai Stálin percebeu o perigo de fazerem daquele jeito. Vejam em que tipo de confusão ele ia entrar. "Não digam uma palavra sobre isso, a linguagem não é uma superestrutura", disse Stálin – no que concorda com o sr. Heidegger, "o homem habita a linguagem".

Não vou falar sobre o que Heidegger quer dizer ao dizer isso, mas vejam que sou obrigado a selecionar. "O homem habita a linguagem"; mesmo extraído do texto de Heidegger, isso fala por si só. Isso quer dizer que a linguagem está aí antes do homem, o que é evidente. Não apenas o homem nasce na linguagem exatamente como nasce no mundo, como também nasce pela linguagem.

Convém designar nesse ponto a origem daquilo de que se trata. Ninguém antes de mim parece ter dado importância ao fato de que, nos primeiros livros de Freud – os livros fundamentais, sobre os sonhos, sobre o que chamamos de psicopatologia da vida cotidiana, sobre o chiste –, encontramos um fator comum, proveniente dos tropeços da fala, furos no discurso, jogos de palavras, trocadilhos e equívocos. É isso que vem em apoio às primeiras interpretações e descobertas inaugurais sobre aquilo de que se trata na experiência psicanalítica, no campo por ela determinado.

Abram em qualquer página o livro sobre o sonho, que veio primeiro, vocês só verão se falar de coisas que envolvem palavras. Verão Freud falar delas de uma forma tal que perceberão que ali estão escritas com todas as letras, exatamente, as leis de superestrutura que Saussure difundiu pelo mundo. Ele não era, por sinal, seu primeiro inventor, mas foi seu ardoroso transmissor, para constituir o que se faz de mais sólido atualmente sob a rubrica da lingüística.

Um sonho em Freud não é uma natureza que sonha, um arquétipo que se agita, uma matriz do mundo, um sonho divino, o coração da alma. Freud fala dele como de um certo nó, uma rede associativa de formas verbais analisadas e se recortando como tais não pelo que significam, mas por uma espécie de homonímia. É quando uma mesma palavra encontra-se em três cruzamentos das idéias que ocorrem ao sujeito que vocês percebem que o que é importante é aquela palavra, e não outra coisa. É quando vocês encontram a palavra que concentra em torno de si o maior número de filamentos desse micélio que vocês sabem que é ali o centro de gravidade oculto do desejo de que se trata. Para encurtar, é o ponto de que eu falava ainda há pouco, o ponto-núcleo onde o discurso faz furo.

Se me entrego a essa prosopopéia, é simplesmente para tornar sensível o que digo àqueles que ainda não o tiverem escutado.

Quando me exprimo dizendo que o inconsciente é estruturado como uma linguagem, é para tentar restituir a verdadeira função a tudo o que se estrutura sob a égide freudiana, e isso já nos permite vislumbrar um passo.

É porque há linguagem, como todos podem perceber, que há verdade.

O que se manifesta como pulsação viva, o que pode se passar em um nível tão vegetativo quanto queiram, ou no nível mais elaborado do gestual, em nome do que seria ele mais verdadeiro que o resto? A dimensão da verdade não está em parte alguma enquanto se tratar apenas de uma briga biológica. Um animal que faz a corte exibindo-se, ainda que nisso introduzamos a dimensão de que é feito para enganar o adversário, o que isso acrescenta? Ele é tão verdadeiro que nada mais importa, uma vez que, justamente, o que se trata de obter é um resultado real, ou seja, que o outro seja acuado. A verdade só começa a se instalar a partir do momento em que há linguagem. Se o inconsciente não fosse linguagem, não haveria espécie alguma de privilégio, de interesse no que se pode designar, no sentido freudiano, como o inconsciente.

Em primeiro lugar, se o inconsciente não fosse linguagem, não haveria inconsciente no sentido freudiano. Não haveria inconsciente? Pois sim, o inconsciente, muito bem, falemos sobre ele. Isto também, esta mesa, é algo do inconsciente.

São coisas de que se esqueceu completamente a partir de certa perspectiva, que é a perspectiva dita evolucionista. Nessa perspectiva, achou-se naturalíssimo dizer que a escala mineral desemboca naturalmente em uma espécie de ponta superior, onde vemos a consciência atuar de fato como se tirasse seu relevo do que acabo de evocar. Se se trata de pensar a consciência apenas sob a forma dessa função de conhecer que dá a seres particularmente evoluídos a possibilidade de refletir alguma coisa do mundo, em que teria ela algum privilégio dentre todas as outras funções atinentes à espécie biológica como tal? Essa gente chamada por diversos nomes pejorativos, os idealistas, apontou muito bem para isso.

Por outro lado, não nos faltam termos sérios para fazer a comparação. Temos uma ciência que é organizada sobre bases que não são absolutamente aquelas que vocês pensam. Nada a ver com uma gênese. Para fazer nossa ciência, não foi na pulsação da natureza que entramos, não. Fizemos dançar pequenas letras e pequenos algarismos, e foi com isso que construímos máquinas que andam, que voam, que se deslocam no mundo e que vão bem longe. Isso não tem absolutamente nada a ver com o que se pôde sonhar sob o registro do conhecimento. É uma coisa que tem sua organização própria. O que acaba por resultar como sua essência mesma, a saber, nossos famosos computadores de diversas espécies, eletrônicas ou não, é isso a organização da ciência.

Claro, a coisa não anda sozinha, mas posso lhes observar que não existe, por ora, e até nova ordem, meio algum de se fazer uma ponte entre as formas mais evoluídas dos órgãos de um organismo vivo e essa organização da ciência.

Entretanto, há uma certa relação. Neste caso também há linhas, tubos, conexões. Mas um cérebro humano é muito mais rico que tudo que ainda somos capazes de construir como máquina. Por que não se colocaria a questão de saber por que isso não funciona da mesma maneira?

Por que não fazemos, nós também, em vinte segundos, três bilhões de operações, adições, multiplicações e outras operações corriqueiras, como faz a máquina, quando em nosso cérebro temos coisas muito mais assombrosas? Coisa curiosa, ele consegue funcionar assim por um curto instante. Sobre o conjunto do que podemos constatar, é nos débeis. O fenômeno dos débeis calculadores é bem conhecido. Calculam como máquinas.

Isso sugere que tudo que é da ordem do nosso pensamento talvez seja como a apreensão de um certo número dos efeitos de linguagem, que são, como tais, aqueles sobre os quais podemos operar. Quero dizer que podemos construir máquinas que são, de certa maneira, seu equivalente, mas num registro evidentemente mais curto que o que poderíamos esperar de um rendimento comparável caso se tratasse realmente de um cérebro que funcionasse da mesma forma.

Não digo tudo isso para apoiar o que quer que seja de sólido, mas apenas para lhes sugerir certa prudência, que é particularmente válida ali onde a função poderia parecer se realizar no que é conhecido como "paralelismo". Não para refutar o famoso paralelismo psicofísico, que é, como todos sabem, uma futilidade há muito demonstrada, mas para sugerir que não é entre o físico e o psíquico que o corte deve ser feito, mas entre o psíquico e o lógico.

Quando se chega nesse ponto, enxerga-se, apesar de tudo, um pouquinho do que quero dizer quando digo que o questionamento do que é da alçada da linguagem me parece indispensável para esclarecer as primeiras abordagens daquilo de que se trata quanto à função do inconsciente.

Com efeito, talvez seja de fato verdade que o inconsciente não funcione segundo a mesma lógica que o pensamento consciente. Trata-se nesse caso de saber qual.

Tampouco funciona menos logicamente, não é uma pré-lógica, não, mas uma lógica mais maleável, mais fraca, como se diz entre os lógicos. "Mais fraca" indica a presença ou ausência de certas correlações fundamentais, sobre as quais se edifica a tolerância dessa lógica. Uma lógica mais fraca não é absolutamente menos interessante que uma lógica mais forte, é inclusive muito mais interessante, uma vez que é muito mais difícil sustentá-la, mas ela se sustenta mesmo assim. Podemos nos interessar por essa lógica, pode inclusive ser expressamente nosso objeto interessarmo-nos por ela, nós psicanalistas, se é que ainda os há.

Pensem toscamente um pouquinho em tudo isso. O aparelho linguageiro está em algum lugar no cérebro, como uma aranha. É ele que tem as presas.

Isso pode chocá-los, vocês podem perguntar – "Mas isso não é possível, pode nos dizer de onde vem essa linguagem?" Não sei nada sobre isso. Não sou obrigado a saber tudo. Aliás, tampouco vocês sabem.

Não vão imaginar que o homem inventou a linguagem. Vocês não têm certeza, não têm prova, não viram nenhum animal humano transformar-se em *Homo sapiens* à sua frente, assim. Quando ele é *Homo sapiens* ele já possui a linguagem. Quando surgiu o interesse pela lingüística, em particular de um sr. Helmholtz, proibiu-se a formulação da pergunta das origens. Era uma decisão sensata. Isso não quer dizer que seja uma proibição que será preciso respeitar sempre, embora seja sensato não fabular demais, e sempre se fabula no nível das origens.

Isso não impede que se forje um monte de obras meritórias de que podemos fazer apanhados bem divertidos. Rousseau escreveu sobre isso, e inclusive alguns dos meus queridos novos amigos da geração da École Normale – que de tempos em tempos se dispõem a me dar ouvidos – editaram de sua autoria um certo *Ensaio sobre a origem das línguas*, é divertidíssimo, recomendo-lhes.

Mas enfim, é preciso prestar atenção a tudo que toca à psicanálise. A partir do momento em que tiverem noção dessa espécie de dissociação que tentei fazê-los perceber esta noite, talvez possam dar-se conta do que há de fútil na psicologia da criança de um Piaget.

Se interrogarmos uma criança a partir de um aparelho lógico que é o do interrogador, ele próprio lógico, e inclusive excelente lógico como é o sr. Piaget, não será nenhuma surpresa se o encontrarmos na criatura interrogada. Percebe-se simplesmente o momento em que isso pega, em que isso morde a criança. Deduzir daí que é o desenvolvimento da criança que constrói as categorias lógicas é uma pura e simples petição de princípio. Você a interroga no registro da lógica, e ela lhe responde no registro da lógica. Fica bem claro que ela não terá entrado em todos os níveis da mesma forma no campo da linguagem. Ela precisa de tempo, isto é certo.

Há um cavalheiro em nada psicanalista que retomou muito bem o sr. Piaget sobre o assunto. Chamava-se Vigotski e operava em algum lugar perto de São Petersburgo. Ele inclusive sobreviveu alguns anos às peripécias revolucionárias, mas, como estava um pouquinho tuberculoso, foi embora sem terminar o que tinha a fazer. Ele percebera, coisa curiosa, que a entrada da criança no aparelho da lógica não devia ser concebida como uma conseqüência de desenvolvimento psíquico interior, sendo preciso, ao contrário, considerá-la similar à sua maneira de aprender a brincar, se é que assim podemos dizer.

Ele tinha constatado, por exemplo, que a criança não entra na noção de conceito, no que corresponde ao conceito, antes da puberdade. Por que isso, hein? A puberdade parece designar efetivamente uma categoria diferente da idéia extravagante acerca de como as circunvoluções cerebrais começam a funcionar. Ele percebera isso muito bem na experiência.

Não posso deixar de antecipar aqui a função do sujeito, seja o que for que me tenham dito antecipadamente. Eles exageram. Quanto a mim, acho que vocês me escutam muito bem. Vocês são educados, e mais que educados, pois ser educado não basta para se escutar bem.

Então, não vejo por que não lhes diria coisas um pouquinho mais difíceis.

3

Por que introduzi a função de sujeito como algo distinto do que é do âmbito do psiquismo?

Não posso fornecer verdadeiramente uma teoria sobre isso, mas quero mostrar-lhes como isso se liga à função do sujeito na linguagem, que é uma função dupla.

Há um sujeito que é o sujeito do enunciado. É fácil reparar nisso. *Eu* [*Je*] quer dizer aquele que está falando agora no momento em que digo *eu*. Mas o sujeito nem sempre é o sujeito do enunciado, pois nem todos os enunciados contêm *eu*. Mesmo quando não existe *eu*, mesmo quando vocês dizem "está chovendo", há um sujeito da enunciação, há um sujeito mesmo que não seja perceptível na frase.

Tudo isso permite representar muitas coisas. O sujeito que nos interessa – sujeito não na medida em que faz o discurso, mas em que é feito por ele, e inclusive feito como um rato – é o sujeito da enunciação.

Isso permite adiantar uma formulação que lhes apresento como uma das mais primordiais. É uma definição do que é designado como "elemento" na linguagem. Isso sempre foi designado como "elemento", mesmo em grego. Os estóicos chamaram-no de "significante". Enuncio o que o distingue do signo: é que "o significante é o que representa o sujeito para outro significante", não para outro sujeito.

Tudo que penso fazer esta noite é tentar interessá-los um pouco. Não pretendo mais que botar isso na mão de vocês e dizer: "Tentem fazer funcionar." Por sinal, ainda assim vocês tiveram algumas indicações aqui e ali, uma vez que tenho alunos que mostram de tempos em tempos como isso funciona.

O importante é que isso necessita a admissão formal, topológica, pouco importa saber onde isso mora, de um certo quadro, que chamaremos de "quadro A". Também é chamado de "o Outro" algumas vezes, entre os que estão próximos, quando sabem do que falo, o Outro com maiúscula também (A). Para que possamos nos situar quanto ao funcionamento do sujeito, esse Outro deve ser definido como o lugar da fala. Não é ali de onde a palavra se emite, mas ali onde assume seu valor de palavra, isto é, onde ela inaugura a dimensão da verdade. Isso é absolutamente indispensável para fazer funcionar aquilo de que se trata.

Percebemos então rapidamente que, por todo tipo de razões, isso não consegue funcionar por si só. A principal razão é que acontece desse Outro de que lhes falo ser representado por um vivente real, a quem, por exemplo vocês têm coisas a demandar, mas isso não é obrigatório. Basta que seja aquele a quem vocês digam algo como "Queira o céu que..." qualquer coisa, e que vocês usem o optativo, ou mesmo o subjuntivo. Bem, esse lugar de verdade assume um alcance bem diferente. Basta o enunciado que acabo de proferir para fazê-los perceber isso.

Com isso introduzimo-nos na referência a uma verdade completamente especial, que é a do desejo. A lógica do desejo, a que não se dá no indicativo, nunca foi levada tão longe.

Começaram-se coisas chamadas "lógicas modais", nunca as coisas foram levadas tão longe, provavelmente por não se ter percebido que o registro do desejo deve necessariamente ser constituído no nível do quadro A, em outros termos, que o desejo é sempre o que se inscreve enquanto conseqüência da articulação linguageira no nível do Outro.

O desejo do homem, eu disse um dia em que precisava me fazer entender – por que não teria dito "homem"?, mas enfim não foi realmente a palavra correta –, o desejo puro e simples é sempre o desejo do Outro. Isso quer dizer que, em suma, estamos sempre demandando ao Outro seu desejo.

O que estou em vias de lhes dizer é completamente manejável, não é incompreensível. Quando vocês saírem daqui, perceberão de imediato que é verdade. Basta pensar nisso e formulá-lo como tal. E depois tais fórmulas são totalmente práticas, vocês sabem, porque podemos invertê-las.

Um certo sujeito cujo desejo é que o Outro lhe demande – isso é simples, inverte-se, vira-se –, pois bem, aí vocês têm a definição do neurótico. Vejam como isso pode ser prático para se orientar. Só que convém examinar bem de perto. Isso não se faz em um dia.

Vocês podem ir mais longe e perceberem ao mesmo tempo por que o religioso pôde ser comparado ao neurótico.

Ele não é absolutamente neurótico, o religioso. Ele é o religioso. Mas se parece com ele, porque também está em vias de combinar coisas em torno do que é efetivamente o desejo do Outro. Só que, como é um Outro que não existe, uma vez que é Deus, convém arranjar uma prova. Então, finge-se que ele demanda alguma coisa, por exemplo vítimas. Eis por que isso vem se confundir muito de leve com a atitude do neurótico, em particular o obsessivo. Isso lembra muito todas as técnicas das cerimônias vitimatórias.

Isto é para lhes dizer que estas são coisas completamente manejáveis e que não apenas não vão de encontro ao que disse Freud, como o tornam inclusive integralmente legível.

Isso salta da própria leitura de Freud, caso nos dispusermos simplesmente a não ler através da lupa opaca de que em geral se servem os psicanalistas para sua tranqüilidade pessoal, porque basta dar um pequeno impulso no jogo para percebermos que entramos em terrenos bastante escabrosos, e que renovam um pouco a matéria.

Não é porque percebemos um elo entre o neurótico e o religioso que devemos fazer uma colusão, um pouco rápida, colando-os um ao outro. Apesar de tudo, devemos enxergar uma nuance, saber por que é verdade, até onde é verdade, por que não o é plenamente.

Isso não quer dizer que vamos contra Freud, podemos dizer que nos servimos dele. Percebemos então por que o que ele dizia de tão opaco tinha certo alcance. O coitado estava lá, dizia ele, como um arqueólogo, cavando buracos e trincheiras e recolhendo objetos. Talvez inclusive não soubesse muito bem o que convinha fazer, ou seja, deixar as coisas *in situ* ou as transportar imediatamente para a sua prateleira. Isso permite observar que há efetivamente veridicidade nessa busca pela verdade de um novo estilo, que começou com Freud.

Voltemos à referência ao desejo do Outro. Se vocês tiverem tempo de obter uma construção correta do desejo em função da linguagem ligando-a ao que é sua base lingüística fundamental, chamada metonímia, estarão avançando de forma muito mais rigorosa no campo a ser explorado, que é o campo da psicanálise. Podem inclusive perceber muito bem o verdadeiro nervo de alguma coisa que permanece muito opaca, muito obtusa, muito obstruída na teoria psicanalítica.

Se é no campo do Outro que se constitui o desejo, se "o desejo do homem é o desejo do Outro", pode fazer-se necessário que seu desejo, o do homem, seja o seu próprio. Pois bem, como vocês se exercitaram antes, estão em condições de ver as coisas de forma menos precipitada do que se fez antes, menos obstinada em encontrar imediatamente razões anedóticas para isso. Quanto ao desejo do homem, que deve realmente ser extraído do campo do Outro e ser o meu, pois bem, acontece algo curiosíssimo. Quando cabe a ele desejar, pois bem, ele percebe que é castrado.

O complexo de castração é isso. Isso quer dizer que alguma coisa se produz necessariamente na significância, que é essa espécie de perda que necessita que, quando entra no campo de seu próprio desejo enquanto desejo sexual, o homem só possa fazê-lo pelo veículo dessa espécie de símbolo que representa a perda de um órgão, na medida em que ele assume na ocasião função significante, função do objeto perdido.

Vocês vão dizer que estou declarando algo que nem por isso fica mais transparente. Mas eu não procuro a transparência, procuro primeiro colar no que encontramos em nossa experiência, e quando isso não é transparente, enfim, paciência.

A castração, primeiro é preciso admiti-la. Evidentemente, não se está habituado a fazê-lo. Incomoda reconquistar essa transparência, alcançá-la. Inventa-se então todo tipo de história para boi dormir, inclusive as ameaças dos pais é que seriam as responsáveis, como se bastasse que os pais dissessem alguma coisa assim para que uma estrutura tão fundamental, tão geral quanto o complexo de castração, daí resultasse.

Aliás, isso chega a ponto de a mulher inventar um para ela, um falo, o falo reivindicado, unicamente por se considerar castrada, o que ela justamente não é, a coitadinha, pelo menos no que diz respeito ao órgão, ao pênis, porque ela não o tem absolutamente. Que ela não nos conte que tem um pedacinho, não adianta nada.

Mesmo assim vou dizer-lhes algo que vai acalmá-los, tornar a coisa um pouco mais compreensível.

Se há castração, talvez seja pura e simplesmente porque o desejo, quando é de fato do seu que se trata, não pode ser tido, ser alguma coisa que se tem, ser um órgão manejável. Ele não pode ser ao mesmo tempo o ser e o ter. Então, o órgão talvez sirva justamente a essa alguma coisa que está em função no nível do desejo. Ele é objeto perdido porque vem no lugar do sujeito como desejo. Enfim, é uma sugestão.

Sob esse aspecto, que a paz se restabeleça em seus espíritos. Moderem sobretudo a impressão de que há nisso uma espécie de audácia, ao passo que se trata de tentar formalizar de modo correto o que é simplesmente a experiência que temos de supervisionar todos os dias.

Temos alunos que nos vêm contar histórias de seus pacientes e que percebem que, afinal de contas, com a linguagem de Lacan, não apenas escutam os doentes tão bem quanto com a linguagem que é difundida e espalhada pelos institutos diferentemente constituídos, como escutam melhor.

Acontece de algumas vezes os pacientes dizerem coisas verdadeiramente astuciosas, e é o próprio discurso de Lacan que estão dizendo. Salvo que, se não tivessem escutado Lacan antes, não teriam sequer escutado o doente, e teriam dito: "Mais um desses doentes mentais que saiu dos trilhos."

Bom, então passemos ao fim.

4

O fim do meu ensino. Se empreguei a palavra "fim", não é que vamos fazer um drama aqui. Não se trata do dia em que isso fará vupt, não, fim é *thelos*, para que é feito.

O fim do meu ensino, pois bem, seria fazer psicanalistas à altura dessa função que se chama "sujeito", porque se verifica que só a partir desse ponto de vista se enxerga bem aquilo de que se trata na psicanálise.

Isso pode não lhes parecer muito claro, "psicanalistas que estejam à altura do sujeito", mas é verdade. Vou tentar esboçar para vocês o que se pode deduzir disso na teoria da psicanálise didática.

Já não seria má preparação se os psicanalistas praticassem um pouco de matemática. O sujeito ali é fluido e puro, de modo algum preso ou acuado. Isso os ajudaria, eles perceberiam que há certos casos em que isso não circula mais porque, justamente, vocês viram ainda há pouco, o Outro parece cindido tanto do lugar da verdade como do desejo do Outro. Para o sujeito, é a mesma coisa.

Um sujeito segundo a linguagem é aquele que conseguimos depurar com grande elegância na lógica matemática. Salvo que resta sempre alguma coisa a citar que é de antes. O sujeito é fabricado por um certo número de articulações produzidas e de onde ele caiu como fruto maduro da cadeia significante. Já quando vem ao mundo, ele cai de uma cadeia significante, talvez complicada, em todo caso elaborada, e é a ela muito precisamente que subjaz o que é conhecido como desejo dos pais. Dificilmente podemos deixar de fazê-lo entrar em consideração em virtude de seu nascimento, ainda que esse desejo fosse justamente de que ele não nascesse, e, sobretudo, neste caso.

O mínimo seria que os psicanalistas percebessem que são poetas. É o que há de engraçado, e mesmo muito engraçado. Vou tomar o primeiro exemplo que me vem.

Sirvo-me um pouco das notas que tomei no trem pensando em vocês. Naturalmente, acrescento, elimino. Não havia apenas meu papel no trem, tinha também um *France-Soir* largado, então dei uma olhada.

Claudine, vocês sabem, a bela francesa, não sei se a estrangularam ou apunhalaram, em todo caso tem um americano que fugiu correndo e que está atualmente numa casa de saúde, oxalá para o bem.

Vamos refletir. Ele está numa casa de saúde, um psicanalista vai visitá-lo. Isso pode acontecer, porque ele é da sociedade. Bom, o que vai se achar? Vai se achar que havia LSD. Parece que ele estava chapado no momento em que a coisa aconteceu.

Há o LSD, mas enfim, mesmo assim, o LSD não baratina completamente as cadeias significantes. Esperemos isso, em todo caso, para que encontremos algo aceitável. Vai-se encontrar um impulso assassino, como dirão, e achar que ele se articula perfeitamente com um certo número de cadeias significantes que foram totalmente decisivas nesse ou naquele momento do seu passado.

Mas, convenhamos, é o psicanalista quem diz isso. Por que não se diria pura e simplesmente que ele arrebentou a menina, e pronto? Seria tão verdadeiro quanto perceber que há para isso causas em algum lugar no nível da cadeia significante. O psicanalista diz isso, e o pior é que acreditam nele.

Peço-lhes realmente desculpas, acreditam nele. Se não acreditarem nele, não saem na foto. Conviria justamente saber o que significa isso, que acreditem nele. Não estou antecipando, naturalmente, nada sobre a benevolência dos juízes ingleses. Em todo caso, no que se refere ao psicanalista, isso deveria incitá-lo a determinada crítica ao que é totalmente análogo, quando se trata da transferência, por exemplo.

O psicanalista diz que a transferência reflete algo que estava no passado. É ele quem o diz. A regra do jogo é acreditar nele. Mas, afinal, por quê? Por que o que se passa atualmente na transferência não teria seu valor próprio? Conviria talvez encontrar outro modo de referência para justificar a preferência dada ao ponto de vista do psicanalista sobre o assunto e do que se passa.

Não fui eu quem inventou isso. Um psicanalista americano – nem todos são idiotas – acaba de fazer exatamente essas observações em um número relativamente recente do *Jornal Oficial da Psicanálise.*

Quero encerrar com coisas vivas, como se diz. Eis então um pequeno exemplo. "Se eu soubesse, diz um paciente, teria mijado na cama mais de duas vezes por semana."

Passo-os à seqüência, da qual ele tira um negócio parecido. Era na seqüência de toda uma série de considerações sobre privações diversas e depois de ele ter sido aliviado de um certo número de dívidas pelas quais se sentia responsável. Estava bem à vontade e emitia, muito estranhamente, esse arrependimento de não ter feito aquilo mais vezes.

Então, vejam, aqui fico completamente chocado com uma coisa: é que o psicanalista não se dê conta da posição decisiva que ele tem ao articular, *nachträglich* como se exprime Freud, um *a posteriori* [*après-coup*] que funda a verdade do que precedeu. Ele não sabe verdadeiramente o que está fazendo ao fazer isso.

Vocês podem encontrar esse a posteriori nas primeiras páginas de um certo vocabulário que foi lançado recentemente. Inútil dizer-lhes que ninguém nunca teria posto esse a posteriori num vocabulário freudiano se eu não o houvesse lançado no meu ensino. Ninguém antes de mim observara o alcance desse *nachträglich*, embora ele esteja em todas as páginas de Freud. Não obstante, é importantíssimo destacar o a posteriori neste caso.

Nenhum psicanalista fez a reflexão, quero dizer que nunca foi escrito isso, que está no entanto na linha direta do que ele faz como psicanálise, a não ser quando lhes dizem: "Deus do céu, por que não mijo na cama mais de duas vezes por semana?", se vocês sabem escutar, isso quer dizer que o fato de mijar apenas duas vezes por semana também deve ser considerado e que é preciso dar conta do algarismo 2 introduzido em correlação com o sintoma enurético.

Talvez bastasse saber utilizar o que é a simples conseqüência da coerência do pensamento consigo mesmo. Quando o pensamento não é demasiado empírico, ele não consiste em ficar de papo para o ar e esperar que as inspirações lhes ocorram na frente dos fatos.

Aliás, como inclusive dizer que estaríamos na presença de puros e simples fatos em uma situação tão articulada, tão intervencionista, tão artificial quanto é a psicanálise? Não é porque o psicanalista não se mexa e se cale três quartos do tempo, noventa e nove por cento do tempo, que devemos considerar tratar-se de uma experiência de observação. É uma experiência em que o psicanalista está envolvido, e, por sinal, não há psicanalista que ouse sequer tentar negá-lo. Só que é preciso saber o que se faz. Menos aí, aliás, que em todos os outros lugares, não se pode ignorar que o verdadeiro móbil de uma estrutura científica é sua lógica, não sua face empírica.

A partir desse momento, talvez se possa começar a enxergar alguma coisa. E talvez o psicanalista venha a estar tão mais fortemente apoiado em seu assento que poderá não ser simplesmente um psiquiatra.

Imaginem esse famoso pequeno *d* de grande A, esse desejo do Outro – não temos razão alguma para limitá-lo unicamente ao campo da prática psicanalítica. Se não há consciência coletiva, talvez possamos perceber que a função do desejo do Outro é absolutamente essencial de ser considerada, e, especialmente em nossa época, no que se refere à organização das sociedades.

Essa conseqüência resulta de uma instituição chamada corriqueiramente de comunismo, isto é, de um desejo do Outro fundado em uma justiça no sentido distributivo do termo. Poderíamos perceber mais de uma correlação: com o sujeito da ciência, por um lado, e, por outro, com o que daí resulta no nível da relação com a verdade. Não seria curioso, enfim, tentar observar a correlação que há entre uma determinada instauração do desejo do Outro na cúpula de um regime e o fato de ser de regra manter *mordicus* durante um tempo considerável um número sempre cada vez mais extenso de puras e simples mentiras?

Não creiam que eu esteja sustentando afirmações "anticomunas". Não é absolutamente do que se trata. Vou aliás formular outro enigma. Do outro lado, ali onde o desejo do Outro é fundado na chamada liberdade, isto é, a injustiça, vocês acham melhor? Neste país onde se pode falar tudo, inclusive a verdade, o resultado é que, digam o que disserem, isso não tem, sob circunstância alguma, nenhum tipo de conseqüência.

Gostaria de encerrar este assunto para lhes dizer que chegará um tempo em que se perceberá que ser psicanalista pode ser um lugar em uma sociedade.

Ele será ocupado, espero, tenho certeza, não obstante no presente só o seja por psicanalistas entocados em suas lojinhas de truques.

Claro, talvez a psicanálise seja uma moda, uma moda a princípio científica a respeito das coisas referentes ao sujeito. Será, porém, cada vez mais útil preservá-la em meio ao movimento sempre mais acelerado do nosso mundo.

DISCUSSÃO

Henri Maldiney: Como discutir o seu discurso? Conviria fazê-lo por uma pluralidade de pontos, insinuar-se nas articulações, não se pode fazê-lo pelo todo. Farei uma simples pergunta sobre a distinção de seus dois sujeitos.

Parece que o senhor simplifica exageradamente o primeiro, justamente aquele que não tem sentido lexical, o que é determinado pelo ato de assumir a fala, aquele que não é simplesmente determinado pelo conjunto dos possíveis semantemas da palavra, que, de resto, nunca são puros, nem pelo conjunto dos morfemas, mas pelo possível de uma situação.

Parece-me que, ao negligenciar este ponto, o senhor mostra-se nesse aspecto em oposição a Heidegger, a quem citava ainda há pouco, pois a *arché* de Heidegger é fundamentalmente presença e articulação antes de ser estrutura morfológica, antes de ser sentido. Ela é originalmente soberana no concreto, situando-se fora do compreender, na situação mesma. Analogamente, esse *eu* [*je*] que assume a fala e esse *tu*, essa alteridade de que ele precisa, que lhe é necessária, pois se tudo é claro, não há mais nada. Quero dizer que, se não existe essa resistência do outro, ele não consegue achar-se ali.

Ora, o *eu* assim instituído escapa da legislação da linguagem, salvo em uma lógica da predicação, e acho que, com a lógica da sua exposição, ao definir o sujeito do enunciado, o senhor entra em um sistema de predicação. Ora, a lógica da predicação, mesmo assim, não passa de uma forma de lógica, e é seguramente uma lógica do objeto mais que uma lógica da relação sujeito–objeto.

Precisamente, a objetivação que está presente nessa lógica parece-me inteiramente contrária à própria noção de *insight*, pois ela é tão-somente o segundo tempo de uma singularização dessa função muito mais fundamental, que é a de ser no mundo. Ora, ser no seio mesmo dessa lógica e ser no mundo não são absolutamente a mesma coisa. O senhor corre o risco de permanecer no interior do campo do "adquirido", para falar como Husserl.

E a referência à coisa, a própria articulação das coisas, perpetuamente presente em Heidegger, não vejo bem que presença ela pode ter se a linguagem torna-se verdadeiramente o signo, eu diria, a forma mesma do absoluto, para além do princípio de realidade, o que é contrário à *Verneinung* de Freud, da qual o senhor fez...

JL: Não toquei hoje em nada referente à *Verneinung*.

HM: Não, e por outro lado sim, dado que o recalque não é suspenso pelo sentido intelectual da representação e que este é o sentido que obtemos pela linguagem. Parece-me que a própria linguagem não é contemporânea, não nasce simplesmente com o tempo. Em geral a linguagem faz a economia do tempo, o sentido no fundo é reversível; ora, é apenas no presente que se pode recuperar essa alguma coisa que não está simplesmente no sentido...

JL: Eu suplico, não me impressione mais. Não falei em nome de Heidegger só porque me permiti citá-lo por achar uma formulação espantosa. Mesmo supondo que certas pessoas do meu auditório tenham pensado sobre essa relação, eu imediatamente disse que estava usando aquela formulação, e é o que faço com ela aqui. O que Heidegger faz é outra questão.

Por outro lado, para responder ao que me parece essencial do que disse, não vejo bem por que o senhor diz que sacrifico o sujeito da articulação, da *arché*, da situação, do sujeito enquanto fala e ouve, enquanto entra na situação presente, enquanto é o ser no mundo, como o senhor diz, uma vez que é precisamente por isso que falo de "divisão do sujeito".

Digo que o sujeito, ao mesmo tempo em que é o sujeito, funciona como dividido. Aí reside, inclusive, todo o alcance do que instauro. Devo inclusive dizer-lhe que essa divisão do sujeito, eu a consagro, denuncio, demonstro por outras vias que não esta, reduzida, de que me sirvo aqui e que, aliás, não dá conta absolutamente da divisão em si. Eu precisaria ter feito algo cuja referência me proibi taxativamente de trazer esta noite, pois não se deve pensar que falei daquilo que, se me permitem, eu chamaria, para ir mais rápido, não apenas meu ensino, mas minha doutrina, e do que daí resultasse. Isso não pude absolutamente fazê-lo.

Nessa divisão, há um elemento causal que é o que chamo de objeto pequeno *a*. Há quem já tenha ouvido falar dele, e os que não. Para os que não ouviram, pode parecer uma bizarrice, sobretudo porque realmente sequer tive tempo de evocar de que ordem ele podia ser e porque isso tem uma relação mais estreita com a estrutura do desejo. Em todo caso, esse objeto pequeno *a* está no mesmo lugar onde se revela essa singular ausência fálica, na raiz do que quis colocar aqui no centro porque é o centro da experiência analítica, a saber, o que chamei, como todo o mundo, de castração.

Então, para dizer que esse sujeito era dividido, simplesmente indiquei suas duas posições em relação à função da linguagem. Nosso sujeito tal como é, o sujeito que fala, se quiser, pode muito bem reivindicar a primazia, mas nunca será possível considerá-lo pura e simplesmente livre-iniciador de seu discurso, na medida em que, sendo dividido, está ligado a esse outro sujeito, que é o do inconsciente e que se verifica ser dependente de uma outra estrutura linguageira. A descoberta do inconsciente é isso.

Ou isso é verdade, ou isso não é verdade. Se for verdade, é o que deveria proibir, mesmo ao sr. Heidegger, de falar sempre do que se refere ao sujeito de uma certa mesma maneira. Aliás, se entrarmos numa controvérsia heideggeriana, eu me permitiria declarar aqui que o emprego que Heidegger faz do termo "sujeito" está longe de ser homogêneo.

HM: Ele não o emprega quase nunca.

JL: Exatamente. Já eu o emprego.

HM: Com suas razões.

JL: Com minhas razões, as que estou em vias de articular para o senhor. O senhor me fez, nessa linha, certo número de objeções ao fazer intervir alguns registros da doutrina freudiana, o recalque, a *Verneinung* e muitas outras coisas. É muito evidente que tudo isso desempenhou seu papel e foi passado no crivo da minha reflexão ao longo dos dezessete anos, desculpe, desde que dura o que vim apresentar aqui, ou antes evocar, em três referências que chamei sucessivamente de "lugar, origem e fim do meu ensino". As objeções que o senhor pode erguer, e que detêm, claro, toda sua pertinência, vêm de uma certa perspectiva. Não ignoro nada do que pretende preservar com isso, mas só para demonstrá-lo o senhor necessitaria certamente de um diálogo bem mais longo do que o que podemos manter aqui.

HM: Não nego o que o senhor disse sobre o inconsciente. Assim como o senhor faz dele uma linguagem, Husserl faz dele "inatualidades". Por conseguinte, não podemos ter um diálogo, mas, digamos, apenas um duplo monólogo.

JL: Isso não é específico do que acontece entre filósofos. Entre marido e mulher é a mesma coisa.

Meu ensino, sua natureza e seus fins

Se aceitei visitar uma clínica psiquiátrica, foi porque tinha todos os motivos para presumir que não era sem razão que me pediam para participar do que, no jargão dos nossos dias, é chamado de um "colóquio".

Não é mal este termo. Agrada-me bastante. Fala-se tudo conjuntamente, quero dizer, no mesmo lugar. O que não quer dizer que isso pense. Todos falam, e como é no mesmo lugar, coloquiam. "Colóquio" é um termo despretensioso, ao contrário do termo "diálogo". Dialogar é uma das mais imensas pretensões da nossa época. Vocês já viram pessoas dialogando? As circunstâncias em que se fala de diálogo parecem sempre um pouquinho com circunstâncias de casal.

Esperava portanto coloquiar. Mas, dado o número de vocês, será muito mais difícil do que imaginava.

O fato é que nada preparei destinado especificamente a vocês. É fácil para mim dizer por quê. Se fosse levado a fazer algumas declarações perante vocês sem encontrar outro apoio em sua assistência senão o silêncio de vocês, eu teria a sensação de estar fazendo o gesto da semeadora. Mas não é porque vocês estão em fileiras que isso gere sulcos e que os grãos estejam seguros de achar terreno aonde crescer. Eis por que gostaria que um certo número das pessoas apinhadas nesta sala se dispusesse à gentileza de me fazer uma pergunta.

É de fato completamente inverossímil, mas é a requisição que faço, como sempre que me acontece de falar, o que não é tão freqüente, num contexto que, cabe dizer, me é estranho, pois não creio que haja muitos dentre vocês que tenham acompanhado o que eu ensino.

1

O que eu ensino fez um certo barulho.

Isso data do dia – que adiei, graças a Deus, o máximo que pude – em que reuni alguma coisa que tive de chamar de *Escritos*, no plural, pois era o termo que me parecia mais simples para designar o que ia fazer.

Reuni sob esse título as coisas que havia escrito, à guisa de estabelecer alguns pontos de referência, alguns marcos, como estacas que enfiamos na água para amarrar os barcos, para o que eu ensinara de forma hebdomadária durante cerca de vinte anos. Não julgo haver-me repetido muito. Tenho inclusive bastante certeza disso, pois dei-me como linha, como imperativo, nunca dizer de novo as mesmas coisas. Mesmo assim isso causou certa sensação.

Durante esses longos anos de ensino, de tempos em tempos eu compunha um escrito que me parecia importante colocar como um pilono, a marca de uma etapa, o ponto alcançado em tal ano ou em tal época de tal ano. Depois juntei tudo isso. Caiu num contexto em que as coisas já tinham percorrido caminho desde o tempo em que eu começara no ensino.

Eu falava para pessoas a quem aquilo interessava diretamente, pessoas precisas que se chamam psicanalistas. Aquilo dizia respeito à experiência mais direta deles, mais cotidiana, mais urgente. Era expressamente feito para eles, nunca fora feito para ninguém mais. Mas é verdade que também percebi que aquilo podia interessar a pessoas a quem não se dirigia e a quem não concerne em nada. Toda produção dessa natureza tem sempre um caráter exemplar, na medida em que se depara com uma dificuldade que sentimos, uma coisa verdadeira, uma coisa concreta, para empregar outra palavra na moda. Ler o que escrevi, mesmo sem compreender muito bem, faz efeito, prende, interessa. Não se tem tanto a impressão de se estar lendo um escrito premido por algo urgente e dirigido a pessoas que têm alguma coisa para fazer, alguma coisa que não é cômoda de fazer.

É em primeiro lugar por essa razão, suponho, que as pessoas pelo menos fingem ler esses *Escritos*, os quais, tomados pela outra ponta, podem se permitir ser considerados ilegíveis. Não, naturalmente, as pessoas cujo ofício seria este, isto é, os críticos. Isso os obrigaria a dar a cara a tapa escrevendo alguma coisa que tivesse no mínimo uma relação com o que eu afirmo, mas, nesse ponto, eles desconfiam. Como podem observar, o livro não foi muito criticado. Sem dúvida é muito grande, difícil de ler, obscuro. Não é absolutamente feito para o consumo comum.

Essa frase, vocês poderiam me dizer, talvez carregue uma desculpa. Isso poderia querer dizer que digo a mim mesmo que deveria ter feito um para o consumo comum, ou mesmo que vou fazer um. Sim, é possível. Talvez eu tente. Mas não tenho esse hábito. Não há certeza alguma de que isso vá dar certo. Talvez valesse mais a pena eu tentar não forçar o meu talento. Tampouco julgo que isso seja muito recomendável em si, pois o que ensino vai acabar entrando no consumo comum. Haverá pessoas que se envolverão com isso, que o farão circular. Não seria absolutamente a mesma coisa, claro, será um pouquinho mais laminado. Tentarão dar um tom sensacionalista. Tentarão o máximo possível ressituá-lo em relação a certo número de convicções bem sólidas que formam a base de cada um nesta sociedade, como em qualquer uma.

Não pretendo absolutamente tecer críticas aqui contra a sociedade em que vivemos. Ela não é nem melhor nem pior que as outras. Uma sociedade humana sempre foi uma loucura. Não está pior do jeito que está. Isso continuará sempre, continuará sempre da mesma forma. Apesar de tudo, convém reconhecer que um bom número de idéias está cada vez mais desprovido de arestas. Isso acaba inclusive por provocar, em todos e em cada um, uma espécie de náusea. Ainda há pouco na hora do almoço, no pequeno círculo daqueles que tão gentilmente me receberam, falava-se da chamada TV, que lhes permitirá chegar a cada instante na cena do mundo para ser mantido a par do que é cultural. Nada mais do que é cultural irá lhes escapar.

Gostaria, a esse propósito, de chamar sua atenção para uma diferença importante, que talvez não tenha sido suficientemente enfatizada, entre o homem e os animais. Ela merece ser enfatizada justamente porque é esquecida. Falo de uma diferença no contexto da natureza, pois não quero absolutamente fazer culturalismo.

Diferentemente do que acontece em todos os níveis do reino animal – isso começa no elefante e no hipopótamo e termina na medusa –, o homem caracteriza-se na natureza pelo extraordinário embaraço que lhe causa – como chamar isso? meu Deus, da maneira mais simples – a evacuação da merda.

O homem é o único animal para quem isso representa um problema, mas prodigioso. Vocês não se dão conta porque possuem pequenos aparelhos que evacuam isso. Não imaginam para onde isso vai depois. Por meio de canalizações tudo isso se junta em lugares formidáveis e insuspeitados, onde se acumula; depois há usinas que retomam tudo isso, transformam-no e fazem dele todo tipo de coisas que retornam à circulação por intermédio da indústria humana, que é uma indústria bem ajustada. É impressionante que não haja, ao que eu saiba, curso de economia política para dedicar uma lição ou duas ao tema. É um fenômeno de recalque, que, como todos os fenômenos de recalque, está ligado às necessidades do decoro. Só que não se consegue enxergar muito bem qual.

Há muito tempo conheci um homem inteligente, e a quem lamento não ter encontrado de novo, é conhecidíssimo, Aldous Huxley. Era um homem encantador, de boa família, e que não era idiota, de jeito algum. Não sei se ainda está vivo. Adquiram, portanto, dele, lançado aqui pela Stock se não me falha a memória, *Adônis e o alfabeto*. Esse título evidentemente não anuncia o capítulo sobre o qual acabo de lhes falar, o grande sistema de esgotos.

É sempre chocante falar sobre isso, embora isso sempre tenha feito parte do que chamamos de civilização. Uma grande civilização é em primeiro lugar uma civilização que possui um sistema de esgotos. Enquanto não partirmos de coisas desse gênero, nada diremos de sério.

Nos povos que de uns tempos para cá são designados como primitivos, não sei por quê, quando não têm absolutamente nenhum caráter de primitividade, ou, digamos, nas sociedades estudadas pelos etnólogos – ainda que, desde que os teóricos enfiaram as patas aí dentro tartamudeando sobre o primitivo, o arcaico, o pré-lógico e outras bobagens, ninguém compreenda mais nada –, pois bem, há menos problemas de esgoto. Não digo que não existam. E talvez seja porque tivessem menos problemas desse tipo que foram chamados de selvagens, e mesmo de bons selvagens, e que os consideremos pessoas mais próximas da natureza.

Mas no que diz respeito à equação *grande civilização = canos e esgotos*, isso não tem exceção. Na Babilônia, há esgotos, em Roma não tem outra coisa. A Cidade começa assim, *Cloaca maxima*. O império do mundo lhe estava prometido. Deveríamos, então, ter orgulho disso. A razão pela qual isso não acontece é que, caso déssemos toda a importância a esse fato, perceberíamos a prodigiosa analogia que há entre o sistema de esgotos e a cultura.

Isso agora não é mais um privilégio. Todo o mundo está coberto. A cultura está congelada sobre nós. Apertados como estamos nessa carapaça de dejetos que também vêm dali, tentamos conferir vagamente uma forma a isso. A que isso se resume? A grandes idéias gerais, como se diz. A história, por exemplo.

A história realmente dá um jeito nas coisas. Ela não tem um sentido único, tem mil. Tem gente que dá valor de suporte a isso. Naturalmente, por nada no mundo iríamos checar o que isso quer dizer exatamente em Hegel. Há outros antes dele, Bossuet por exemplo. Este colocara tudo nas mãos da Providência. Nele, pelo menos, isso era claro. Devo dizer que tenho grande estima pelo *Discurso sobre a história universal*. Em primeiro lugar, foi ele que inaugurou o gênero, e o fez sobre princípios claros. É Deus quem empurra os peões no tabuleiro. Eis o que merece, com efeito, o nome de "história". Tudo gira em torno da história que aconteceu a um cavalheiro. O que não é mal, deixou outras pessoas com apetite, tornou a história muito mais profunda. Não estou dizendo que todas essas idéias sejam inadmissíveis, mas fazem-se usos bizarros delas.

Não creiam por isso que a cultura seja um objetivo que eu desaprove. Longe disso. Ela dispensa. Dispensa completamente a função de pensar. Dispensa a única coisa que pode ter um pequeno interesse nessa função, que é absolutamente inferior. Não vejo por que iriam colocar uma ênfase qualquer de nobreza sobre o fato de pensar. Em que se pensa? Nas coisas de que não se é absolutamente senhor, que é preciso girar, rodopiar, sessenta e seis vezes no mesmo sentido antes de conseguir compreender. É isso que se pode chamar de pensamento. Ao cogitar, eu agito, eu vasculho. Isso só começa a ficar interessante quando é responsável, isto é, traz uma solução o máximo possível formalizada. Enquanto não resultar em uma fórmula, em uma formalização, e na medida do possível matemática, não se vê o interesse nem a nobreza disso. Não se vê o que faria jus a que nos detenhamos sobre ele.

A história serve para fazer a história do pensamento, isto é, para nos livrar finalmente dos pequenos esforços como esses, tímidos, freqüentemente muito estimáveis, freqüentemente muito escrupulosos – na verdade, são esses que se sustentam melhor – que este ou aquele pôde fazer para resolver certos problemas. Como isso atrapalharia formidavelmente nossos professores a puxar o fio e dizer o que pensam da lógica de Descartes, ou de alguns desses malucos, no caso de agüentarem um pouco além de seu maldito tempo, é mais cômodo fazer a história do pensamento, o que é o mesmo que buscar o que eles transmitiram um ao outro. É apaixonante, sobretudo quando é uma imbecilidade, e quando se vê o que assim sobreviveu.

Esse mecanismo que lhes faço observar opera de uma forma totalmente atual. Isso não é teoria, não estou aqui para encher a bola da teoria. Vocês podem vê-lo diante dos olhos, sem irem à faculdade, onde aliás encontra-se grande parte do que lhes ensinam sob o nome de "filosofia".

Vocês estão cientes da grande besteira que inventaram para nós recentemente. Há a estrutura e há a história. As pessoas que foram colocadas no pote da estrutura – eu estou lá, não fui eu que me coloquei, colocaram-me e pronto – supostamente cuspiram na história. Isso é um absurdo. Não há evidentemente estrutura sem referência à história. Em primeiro lugar, seria preciso saber de que se fala quando se fala de estrutura. Tentarei lhes dizer alguma coisa.

É sempre difícil aprisionar, sem mal-entendido, aquilo de que se trata no campo em que realmente cogitamos. As palavras foram relegadas a todo tipo de confusão. É de fato o que permite a alguns empregarem atualmente a redução histórica, que nada tem a ver com os direitos teóricos, se é que podemos dizer, da função da história. Então, deixam-se de lado questões referentes não à estrutura, mas ao chamado estruturalismo.

Foi assim que, durante uma conversa que precedeu minha vinda até vocês, uma pessoa, aliás bastante querida, me disse: "O senhor não poderia dizer que relação existe entre o que o senhor diz, faz e afirma e o estruturalismo?" Respondi: "Por que não?" Então, formulemos direito as coisas e sigamos o procedimento.

O que chamam de movimento cultural tem uma função de mistura e de homogeneização. Qualquer coisa que nasce tem certas qualidades, certo verdor, certo relevo. É um botão. O dito movimento cultural tritura-o até que se torne plenamente reduzido, infame, comunicando-se com tudo.

Apesar de tudo, isso não satisfaz, cabe dizê-lo. Não por razões ligadas a exigências internas, mas comercialmente. Desenraizado, ele se esgota. Embora eu tivesse dito alguns palavrões, posso me permitir repetir-lhes a formulação que me ocorreu a esse propósito. Todos aceitam comer merda, mas nem sempre a mesma. Tento então arranjar uma nova.

A origem da nova moda, do que vocês chamam de "estruturalismo", consiste em querer servir ao mesmo comércio dos homens que não se reduziam a ele facilmente, que haviam ficado nos cantinhos. Por que procedimentos, funções de resistência, eles se viram isolados, depois associados, assimilados, aglutinados – seria preciso estudar no conjunto. Tenho grandes chances de ser incluído entre eles, e me sinto muito bem com isso. São pessoas que colocaram um pouco mais de seriedade em suas pequenas parafernálias. Tiro o chapéu para Lévi-Strauss. Ninguém será capaz de fazer melhor no futuro, isto é certo. É esmagador. E depois, têm outros. De tempos em tempos muda-se um.

Por ora, empenham-se seriamente para que tudo isso entre na circulação geral, e fazem um grande esforço para isso. Ah, sim, a solução não é má. Até o momento, resisto à operação, pois eles não sabem muito bem por que ponta tomar o que digo. Não sabem porque não lhes passa pela cabeça, não preciso dizer por quê, que isso possa dizer respeito, ainda que isso faça parte, a seus olhos, da mesma farinha. Eles precisam trabalhar para reabsorver isso como o resto, mas não sabem como fazer.

Conseguirão, sobretudo se eu os ajudar.

2

O que eu ensino, salta aos olhos que se relaciona com o que se chama de experiência psicanalítica.

Quer-se transportar tudo isso para não sei o quê, algo que não interessa absolutamente, o que designam com essa palavra amável que parece um espirro, *Weltanschauung*. Longe de mim tal pretensão. É a coisa de que tenho mais horror. Graças a Deus, nunca vou me entregar a ela. A nenhuma *Weltanschauung*. Até mesmo todas as outras, *Weltanschauungen*, vomito-as.

Trata-se, no que ensino, de coisa completamente diferente, de procedimentos técnicos e precisões formais referentes a uma experiência, que ou bem é séria ou então é uma incrível errância, uma coisa louca, delirante. Aliás, tem todo o aspecto disso quando a vemos do exterior. O traço fundamental da análise é que as pessoas acabam se dando conta de que trombetearam besteiras anos a fio.

Quanto a mim, tento mostrar, partindo do que elucida sua razão de ser, por que isso se mantém, por que isso continua, por que isso chega a alguma coisa que muito freqüentemente não é de forma alguma o que se julga dever anunciar ao exterior e reivindicar com relação à operação. Salta aos olhos que é uma operação de discurso, uma operação-discurso. Vocês me diriam que existem os que passam toda sua análise calados. No caso em pauta, é um silêncio eloqüente.

Ninguém esperou a análise para se interessar pelo discurso. Foi inclusive dele que partiu tudo que é ciência. Não basta imaginar a filosofia no registro que lhes dizia ainda há pouco, a saber como belos pensamentos foram passados adiante de era para era. Não é disso que se trata aqui. A filosofia serviu para precisar em que medida poderiam sair da operação-discurso coisas suficientemente exatas para serem qualificadas de ciência.

Para que daí saísse uma ciência, a nossa, que apesar de tudo dá mostras de seu valor – resta saber valor de quê, mas em todo caso de eficácia –, levou tempo. É toda uma história de instauração do uso correto do discurso, e nada além.

E a experiência, dirão vocês? Justamente, a experiência não se constitui como tal a não ser que a façamos partir de uma pergunta correta. Isso é chamado de hipótese. E por que hipótese? Trata-se simplesmente de uma pergunta corretamente formulada. Em outros termos, alguma coisa começou a tomar forma de fato, e um fato é sempre fato de discurso. Um fato recebido, ninguém nunca viu isso. Isso não é um fato, é uma saliência, a gente esbarra nela, é tudo que se pode dizer sobre alguma coisa que ainda não está articulada em discurso.

A psicanálise, que é um caso absolutamente inédito de discurso, leva-nos a revisar um pouquinho a posição do problema na raiz. Ela nos incita por exemplo a interrogar o fenômeno constituído pelo surgimento de uma lógica, suas aventuras e as coisas estranhas que acabou por nos mostrar.

Houve um fulano chamado Aristóteles cuja posição – pouco importa o que achem depois desta declaração – não deixava de apresentar analogia com a minha. Não se consegue saber muito bem com quê, com quem ele lidava. Eram chamados, confusamente, vagamente, de sofistas. Naturalmente, é preciso desconfiar desses termos, é preciso ser muito prudente. Há em suma um *black-out* sobre o que as pessoas extraíam do oráculo dos sofistas. Era provavelmente alguma coisa eficaz, uma vez que sabemos que eram muito bem pagos, como os psicanalistas. Já Aristóteles extraiu alguma coisa deles, que aliás permaneceu completamente sem efeito sobre aqueles a quem se dirigia. Assim para ele como para mim. Com os psicanalistas já bem instalados, o que conto não fede nem cheira. Mas vamos em frente, e aguardemos.

Todas aquelas coisinhas maravilhosas que encontramos nos *Primeiros analíticos*, nos *Segundos* e nas *Categorias* receberam o nome de lógica. Isso agora está desvalorizado, porque somos nós que fazemos a lógica séria, verdadeira, e isso há não muito tempo, desde a metade do século XIX, há um século e meio.

A lógica correta, rigorosa, verdadeira, foi a que começou com um tal de Boole. Ela propicia o ensejo para revisar algumas idéias. Acreditava-se desde sempre que, depois de se colocar alguns bons principiozinhos na saída, tudo o que se extraía disso girava em círculo, tendo-se sempre certeza de voltar a cair sobre as patas. O importante era que um sistema não fosse contraditório. A lógica era unicamente isso. E então percebe-se que de maneira alguma. Descobre-se um mundo de coisas que nos escapam. Se por acaso algumas pessoas, aqui e ali, ouviram falar de um certo Gödel, podem saber que até mesmo a aritmética mostra-se ser um cesto não digo com fundo duplo, mas com um fundo arquiperfurado. Tudo se esvai por um furo no fundo.

Isso, isso é interessante, e não se deve descartar que interessar-se por isso tenha valor formador para alguém como o psicanalista. Mas por ora é sem saída, porque há aí um problema bem particular que eu chamaria de a questão da idade. Para fazer lógica seriamente, assim como para tudo o que, de resto, existe na ciência moderna, é preciso instalar-se nela antes de ter sido completamente cretinizado, e precisamente pela cultura. Evidentemente, cretinizados o somos sempre um pouquinho, não escapamos ao ensino secundário. Decerto isso talvez também tenha o seu valor, pois aqueles que sobrevivem a isso com uma verdadeira vivacidade científica são verdadeiros casos, cada um deles lhe dirá. Por exemplo, meu bom amigo Leprince-Ringuet, que se cretinizava ao mesmo tempo que eu no colégio em que usei calças curtas, logo escapuliu de forma viva e brilhante. Já eu precisei da psicanálise para cair fora. Convém dizer que não há muitos que se aproveitaram dela como eu.

A lógica é coisa bem precisa, que exige algumas molas mentais não completamente fatigadas por tudo que lhes fizeram engolir como estupidez. Portanto, eu precisaria tê-las muito jovens. Só que ser muito jovem tampouco é a melhor condição para fazer um psicanalista. Mas quando alguém chega, depois de certa experiência, a entrar na profissão de psicanalista, é tarde demais para lhe ensinar essas coisas inteiramente de primeiro plano que o formariam para determinada prática.

Falei de lógica para lhes dar um ponto de mira. Apenas isso, mas a lógica é exemplar se a tomarmos no nível de Stóteles, porque ele manifestamente buscou inaugurar alguma coisa. Decerto aquela gente, os sofistas, já se servia dela, da lógica, e de forma certamente muito impressionante, brilhante, eficaz, sobre certo plano de raciocínio. Não é porque eles próprios não a nomearam que ela não está lá, isto é certo. Como teriam tido tanto sucesso em excitar os cidadãos, e também os não-cidadãos, e em lhes dar truques para triunfar no debate ou para agitar as questões eternas do ser e do não-ser, se aquilo não tivesse tido efeitos formadores? Stóteles tentou introduzir aí uma técnica, o que é conhecido como *Órganon*. Saiu daí uma linhagem que é a dos filósofos, com o resultado que vêem atualmente, isto é, que já está um pouquinho esgotado, uma vez que em filosofia estamos na história do pensamento. Isso quer dizer que botam descaradamente a língua para fora. Felizmente ainda há aqueles que tentam dar um jeito em tudo isso, alguns moedeiros falsos conhecidos como fenomenólogos.

A psicanálise é uma chance, uma chance de voltar a partir.

3

Como julgo tê-los feito perceber, existe a mais estreita relação entre o surgimento da psicanálise e a extensão efetivamente de regalia das funções da ciência. Embora isso não apareça de pronto, há uma certa relação de contemporaneidade entre o fato daquilo que se isola e condensa no campo psicanalítico e o fato de que em qualquer outra parte não haja senão a ciência a ter alguma coisa a dizer.

Esta é uma declaração cientificista, vocês me dirão. Ora, sim, por que não? Entretanto, não o é completamente, pois não acrescento a isso o que sempre se encontra à margem do que se convencionou chamar de cientificismo, a saber, um certo número de artigos de fé dos quais não participo em grau algum. Por exemplo, a idéia de que tudo isso representaria um progresso. Progresso em nome de quê?

Ainda há pouco apresentaram-me uma objeção, que viria, parece, de certos recessos onde alguns rotulam-se psicanalistas. Devo dizer que ela me inspirou. Foi-me transmitida por uma dama sobre a qual me disseram que havia feito uma conferência sobre o que ele diz por aí, Lacan. Graças a ela, em suma, deixo-me levar um pouquinho. Se bem compreendi, a objeção de que se trata seria assim formulada – "Por que o senhor achou necessário colocar o sujeito no meio? Onde há vestígio do sujeito em Freud?"

Devo dizer-lhes que foi um golpe para mim. O que é terrível é que, passado certo tempo, tempo que desperdiço, cava-se um fosso entre vocês e o efeito da cultura, do jornalismo. Agora que estou em foco, preciso de um intermediário para saber onde ainda podem estar alguns. Eles acham então que é uma novidade, uma invenção, colocar, a propósito de Freud, o sujeito no meio.

Sinceramente, invoco aqui qualquer um que não seja psicanalista, aliás não deve haver muitos. Qualquer um minimamente informado acerca do que falamos sabe que se trata em Freud de três coisas.

A primeira é que isso sonha. É um sujeito, isso, não? Que diabos fazem todos aqui? Não me iludo, um auditório, por mais qualificado que seja, sonha enquanto estou aqui em vias de esgrimir comigo mesmo. Cada um pensa nas suas coisas, na namoradinha que vão encontrar daqui a pouco, no carro que soltou uma biela, alguma coisa fora do trilho.

Depois, isso rateia, falha. Ver o lapso, o ato falho, o próprio texto de sua existência. Isso soa bufão, grotesco, o que estamos sempre fomentando perante vocês referente às funções ideais da consciência e tudo que se segue, da ordem da pessoa, que deve atingir uma mestria. Não sei do que se trata. Vocês podem ver nos meus *Escritos* meu estupor quando li coisas elucubradas pelo meu querido amigo, adoro ele, Henri Ey. Tratava-se para ele de civilizar os psiquiatras, então inventou o organodinamismo, coisa completamente afetada que não se parece com nada. Desafio qualquer um a ver uma relação entre aquilo com que lidamos, o texto do sujeito, e o que quer que seja que ele tenha elucubrado para vocês a propósito dessa suposta síntese, da construção da personalidade e de não sei que mais. Onde estão essas personalidades construídas? Não sei, procuro-as como Diógenes, com uma lanterna. O que há de belo é que, apesar de todos os apelos feitos a essas construções, isso rateia, falha, de fato. É isso que quer dizer alguma coisa. Isso nunca funcionou senão para os outros. Há inclusive pessoas na sala que se levantaram. Quanto a mim, consegui me deitar.

Em terceiro lugar, isso sonha, isso rateia, falha, isso ri. Pergunto a vocês, essas três coisas, isso é subjetivo ou não? Conviria saber do que se está falando. As pessoas que se perguntam que necessidade tive de trazer à baila o sujeito quando se trata de Freud não sabem absolutamente o que dizem. Devo constatar que é nesse ponto que elas estão, ao passo que, ainda assim, eu imaginava que aquilo sobre o que se resistia era mais nobre.

O sujeito de que se trata nada tem a ver com que é chamado de subjetivo no sentido vago, no sentido do que mistura tudo, nem tampouco com o individual. O sujeito é o que defino no sentido estrito como efeito de significante. Eis o que é um sujeito, antes de poder ser situado, por exemplo, nesta ou naquela das pessoas que se acham aqui no estado individual, antes mesmo de sua existência de viventes.

Pode-se, claro, dizer por convenção – "É um bom ou mau sujeito, é um sujeito moral, é o sujeito do conhecimento", ou de tudo que quiserem. É realmente uma história maluca essa noção de sujeito do conhecimento, perguntamo-nos como ainda se pode falar disso numa sala de filosofia. Isso só pode querer dizer que tudo que é vivo sempre sabe o suficiente sobre isso, justo o necessário para subsistir. Não se pode dizer nada mais. Isso se estende a todo o reino animal e, por que não, vegetal.

Quanto à idéia de colocar tudo que se chama de homem numa relação com o que se chama de mundo, ela necessitaria que considerássemos esse mundo como um objeto e que fizéssemos do sujeito uma função de correlação. O mundo pensado como *ob-jeto* [*ob-jet*] supõe um *su-jeito* [*sub-jet*]. Essa relação não pode adquirir substância, essência, a não ser através de uma grande imagem de contemplação cujo caráter completamente mítico é manifesto. Imaginamos que existiram pessoas que contemplavam o mundo. Há certamente em Aristóteles, em certos momentos, coisas que lembram isso, quando ele fala das esferas.

Isso quer dizer simplesmente que ele não tem nenhuma outra teoria a fornecer sobre as esferas celestes a não ser envolver nela um movimento de contemplação.

Todos nós sabemos o que é uma ciência. Nenhum de nós domina a ciência em seu conjunto. Ela cavalga com toda a pompa a partir de seu próprio movimento, a cienciazinha, a ponto de não podermos fazer nada quanto a isso. Os mais envolvidos são os que se embaraçam mais com isso.

Tudo o que pode haver de experiência um pouco esclarecida indica que o sujeito está na dependência dessa cadeia articulada que representa o legado científico. O sujeito deve tomar seu lugar nela, situar-se como puder nas conseqüências dessa cadeia. Ele precisa revisar a cada instante todas as pequenas representações intuitivas que fizera para si, que passam para o mundo e mesmo para as categorias presumivelmente intuitivas. É preciso que, a todo momento, ele refaça todo esse aparelho, questão mesmo de encontrar um abrigo. É por muito pouco, isso se ele já não tiver sido escorraçado do sistema.

Esta é, aliás, a meta do sistema. Em outros termos, o sistema fracassa. É assim que o sujeito dura. Se algo nos restitui o sentimento de que há um lugar onde ele é sustentado, onde é com ele que se lida, é nesse nível chamado inconsciente.

Porque tudo isso rateia, falha, tudo isso ri, tudo isso sonha.

Mas não sonha, não rateia, falha, não ri a não ser de uma maneira perfeitamente articulada. Em todas as fases de sua abordagem, de sua descoberta, de sua revelação daquilo de que se trata no inconsciente, que faz Freud? Em que gasta seu tempo? Com que está lidando? Seja texto de sonho, texto de chiste ou forma de lapso, está manipulando articulações de linguagem, de discurso.

Na margem de uma pequena gravura de Goya encontramos escrito: "O sono da razão engendra monstros." É bonito, e como é Goya, é mais ainda, vemos esses monstros.

Vejam, ao falarmos conviria sempre saber parar a tempo. Acrescentar "engendra monstros", não é que caiu bem? É um início de elucubração biológica. A biologia também levou muito tempo até parir a ciência. Demoraram demais no bezerro de seis patas. Ah! os monstros, tudo isso, a imaginação, nos proporciona prazer... Oh! como é bom, os psicopatas, vocês sabem, como dizem os psiquiatras, eles fervilham, pululam, inventam, imaginam, é espantoso. Não posso dizer-lhes como é para o psicopata, não o sou o bastante, mas com certeza não é absolutamente o que os psiquiatras imaginam, sobretudo quando falam de não sei o quê, da fisiologia da sensação, ou da percepção, para passar à construção, depois à generalização, tudo isso a fim de tentar pensar em que lugar vão tropeçar, os coitados. Isso não tem absolutamente nenhuma relação com suas construções, podemos constatá-lo claramente.

Conviria, portanto, saber parar. *O sono da razão* – é tudo. O que isso quer dizer então? Que é a razão que propicia que permaneçamos no sono. Nesse caso também, não sei se vocês não correm o risco de ouvir da minha parte uma pequena declaração de irracionalismo. Mas não, é o contrário. O que se queria deixar de fora, excluir, ou seja, o reino do sono, vê-se assim anexado à razão, ao seu império, à sua função, à tomada do discurso, ao fato de que o homem habita a linguagem, como diz o outro. Será irracionalismo perceber isso e seguir os cursos da razão no próprio texto do sonho? Toda uma psicanálise talvez se desdobre antes do que talvez pudesse de fato acontecer, ou seja, que tocássemos um ponto de despertar.

Freud escreveu em algum lugar *Wo es war, soll Ich werden*. Ainda que o tomemos no nível de sua segunda tópica, o que é isso senão determinada maneira de definir o sujeito? Ali onde era o reino do sono, eu devo advir, devir, com o acento especial que assume em alemão o verbo *werden*, ao qual cabe atribuir seu alcance de crescer no devir.

O que isso pode querer dizer – a não ser que o sujeito já se acha em sua morada no nível do *Es*?

Não devemos implicar com Freud por ter chamado, em sua segunda tópica – é um determinado sistema, o da percepção-consciência –, *das Ich*, com o artigo, pois não existem palavras em alemão funcionando como *moi* e *je* em francês. *Das Ich* é algo como as duas outras instâncias, para empregar esse termo vago, ao qual ele o associa, o *Es* e o *Überich*. Isso é o quê – a não ser, propriamente falando, o núcleo do sujeito?

Poderia inclusive tratar-se dessa função grotesca, ridícula, sobre a qual naturalmente lançaram-se aqueles que foram durante certo tempo meus companheiros de estrada, e que vinham Deus sabe de onde, cheios de psicologia, o que não é uma preparação para a psicanálise. Estou falando da função da intersubjetividade. Ah! Lacan, o "Discurso de Roma", "Função e campo da fala e da linguagem", a intersubjetividade! Há você, há eu, dizemos isso um ao outro, enviamo-nos coisas, então somos intersubjetivos. Tudo isso é pura confusão.

Acho que vocês devem conhecer minha posição acerca desse ponto, caso contrário estou em condições de fazê-los percebê-la melhor. A confusão do sujeito com a mensagem é uma das grandes características de tudo que se diz de tolo sobre a pretensa redução da linguagem à comunicação. O essencial da linguagem nunca foi a função de comunicação. Eu parti daí.

Von Frisch acredita que as abelhas têm uma linguagem por comunicarem-se coisas. Isso é exatamente da mesma ordem que o que dizem de tempos em tempos algumas pessoas quando lhes dá na telha, que recebemos mensagens dos corpos estelares, sob pretexto de que acontece algo conosco a partir disso. Em que isso é uma mensagem? Se dermos um sentido à palavra "mensagem", convém que haja uma diferença em relação à transmissão do que quer que seja. Caso contrário, tudo seria mensagem no mundo. Aliás, de certa forma, tudo é, considerando o que põem na moda as funções de transmissão e veiculação de informações, como se diz. Não é difícil perceber que podemos formalizar essa informação como inscrita exatamente no sentido inverso da significação. Isso mostra por si só que não se deve confundir uma informação entendida nesse sentido com o que resulta do que se veicula no uso da linguagem.

A articulação da linguagem coloca em primeiro lugar em questão aquilo de que se trata quanto ao sujeito da enunciação. O sujeito da enunciação não se confunde absolutamente com aquele que diz eventualmente sobre si mesmo *eu* [*je*], como sujeito do enunciado. Quando ele tem de falar dele, ele se chama *eu* [*je*]. Isso quer dizer simplesmente *eu* [*moi*] *que falo*. O *eu* [*je*] tal como aparece num enunciado qualquer não passa do que chamamos de *shifter*. Os lingüistas pretendem que ele seja igualmente sujeito da enunciação. Seja o que for que digam, é completamente falso. É tão falso quanto o falso, percebemos nitidamente assim que o conhecemos. Há enunciações cujo sujeito vocês podem continuar procurando. Em todo caso, ele não está lá para aquele capaz de dizer *eu* [*je*].

Enfim, faz-se necessário reconstruir um pouquinho o pretenso esquematismo da comunicação. Se há uma coisa que deve voltar a ser questionada, é muito especialmente a função simples da intersubjetividade, como se fosse uma simples relação dual com um emissor e um receptor, e a coisa andasse sozinha a partir disso. Não é nada disso.

A primeira coisa de que se trata na comunicação é saber o que isso quer dizer. Todo o mundo sabe disso. A mínima experiência mostra justamente que o que o outro está em vias de dizer não coincide nunca com o que ele diz.

É inclusive por essa razão que vocês se matam para construir uma lógica. É para poder colocar no quadro os sinaizinhos sobre os quais não haverá dúvida. Vocês buscam justamente eliminar o sujeito. E, com efeito, a partir do momento em que vocês colocaram as letrinhas, por um instante ele é eliminado. Vocês irão reencontrá-lo no final, sob a forma de todo tipo de paradoxos. É o que há de demonstrativo e apaixonante em todas essas tentativas de cerramento rigoroso das quais procede a lógica.

Alguém nos diz que, se quisermos falar de alguma coisa que não seja absolutamente de psiquismo, mas realmente de uma metapsicologia, isto é, coisa bem diferente de uma psicologia, precisamos falar do isso, do eu e do supereu. Faz-se como se tudo isso fosse óbvio, andasse sozinho, da forma mais natural, barulhenta. Não é nada disso. Não apenas isso se distingue de todo o blablablá de antes, como, se há uma intersubjetividade de que se possa falar de direito, uma intersubjetividade não apenas dramática, mas até mesmo trágica, que nada tem a ver com a ordem da comunicação, uma intersubjetividade de pessoas que se empurram, esbarram e sufocam entre si – pois bem, é aquela que se apresenta sob a forma do isso, do eu e do supereu, o que de fato dispensa o que vocês chamariam de um mesmo sujeito.

Perguntam-me por que falo do sujeito, por que, supostamente, ligo isso a Freud. Em Freud só se fala disso. Mas fala-se sob uma forma imperativa, brutal. E uma espécie de operação de escavadeira, que traz à tona tudo referente ao sujeito que, desde milênios de tradição filosófica, tenta-se justamente camuflar.

É precisamente nessa ordem de coisas que se quer agora bisbilhotar, como eu lhes dizia há pouco. O que acentuei, e não posso dizer ter feito outra coisa aqui a não ser sugerir uma dimensão, tem como efeito uma contraparte, que é dada por filósofos. Há um, por exemplo, ao qual fiz uma pequena alusão no primeiro número da minha revista *Scilicet*, rapaz cheio de talento que nos reserva ainda algumas retomadas de grandes temas clássicos, de cuja existência sabia há muito tempo antes de encontrá-lo pela primeira vez num congresso. Lá ele me disse – "Tudo isso está muito bem, tudo o que o senhor diz eu acompanho" (e vê-se que acompanha, pois ao escrever um artigo sobre Freud não consegue escrever outra coisa senão o que eu disse), "mas por quê, por que insiste em chamar isso de sujeito?"

Assim, quando vocês tocam em certos domínios há sempre uma área reservada. Entre os indivíduos em foco nesse instante, há um que está ali em função de ter ousado um dia escrever um livro sobre Racine. Oh, mas não foi sozinho, pois havia alguém para quem Racine era cátedra. Como é que ele ousa? etc. Aqui, o filósofo estava prestes a me dizer: "Por que continuar a chamar de sujeito o que o senhor articula como inconsciente estruturado como linguagem?"

Quando analistas me fazem pergunta parecida, recebo um golpe, mas não posso dizer que fique surpreso. Mas, da parte de filósofos, é tão desconcertante que não encontrei nenhuma resposta a dar a não ser: "Mantenho o sujeito... para fazer você falar."

Entretanto, que loucura seria não retomar esse termo, cujo fio nos foi conservado por não sei que felicidade na tradição filosófica, desde o *Órganon* de Aristóteles de que lhes falava há pouco. Releiam, ou leiam, as *Categorias*, meus amigos, aqueles que de tempos em tempos tiverem a idéia de ler coisa diferente de manuais, e vejam no início a diferença que há entre sujeito e substância.

Eis uma coisa tão crucial que os dois milênios de tradição filosófica de que falava fizeram apenas um esforço, o de tentar absorver isso. Aquele considerado o pináculo da tradição filosófica, Hegel, com, devo dizer, uma competência deslumbrante, afirmou o que é a própria negação do que tocamos no sonho, a saber, que a substância é desde sempre o sujeito, antes de se tornar um, como ainda há pouco na formulação de Freud.

Tudo parte do trauma inicial da afirmação aristotélica que separa da forma mais rigorosa o sujeito e a substância. Ela está completamente esquecida.

Que o sujeito tenha sobrevivido através da tradição filosófica é demonstrativo, se é que se pode dizer, de um verdadeiro insucesso do pensamento.

Não estaria aí a razão para não se abandonar o termo "sujeito", no momento em que se trata enfim de dar uma guinada em seu uso?

Então, vocês terão escutado Lacan

Não posso dizer que minha situação seja muito difícil. Ao contrário, é extremamente fácil. A própria maneira como acabo de ser apresentado indica que, de toda forma, terei falado a título de Lacan.

Então, vocês terão escutado Lacan.

O gênero "conferência" não é o meu. Não é o meu porque todas as semanas, há quinze anos, faço uma coisa que não é uma conferência, que chamaram de seminário na época do entusiasmo, e é um curso, mas não deixa de ser um seminário, e preservou o nome.

Não sou eu que testemunharei sobre isso, mas alguns que estavam lá desde o início, com algumas substituições: não houve um único desses cursos que fosse repetido.

Houve um momento, por força das circunstâncias, em que julguei que deveria, para o pequeno número dos que estavam ao meu redor, explicar-lhes alguma coisa que vai estar em questão agora. E de fato, meu Deus, essa alguma coisa deve ser bem comprida para que eu ainda não tenha terminado de explicá-la a eles.

É estranho. Talvez seja também porque o próprio desenvolvimento do que eu tinha a explicar me tenha colocado problemas e aberto novas questões. Talvez. Não é certo.

Em todo caso, hoje em dia não posso de forma alguma sequer pretender evocar seus principais desvios, nem por alusão, àqueles que sabem do que falo e que sabem inclusive mais ou menos o que digo sobre isso.

Para os outros, que suponho formem parte dessa assembléia, que não sabem nada ou pouca coisa sobre isso, está fora de questão dar-lhes inclusive uma idéia, se o que acabo de dizer é verdade, a saber que nunca me repeti.

Na verdade, o gênero "conferência" supõe o seguinte postulado, que está no próprio princípio do nome Universidade: há um universo, um universo do discurso, entende-se. Isso quer dizer que o discurso teria tido êxito durante séculos em constituir uma ordem suficientemente estabelecida para que tudo fosse repartido em escaninhos, em setores que teriam de ser estudados separadamente, e cada um só teria de acrescentar sua pedrinha num mosaico cujos limites já estariam suficientemente estabelecidos porque já se havia trabalhado suficientemente para isso.

A idéia de que as camadas que se depositaram ao longo da história, com a superposição dos séculos, constituiriam aquisições que se adicionam e que ao mesmo tempo podem se juntar para fazer esta Universidade – Universidade das letras, *Universitas litterarum*, isso está no princípio da organização do ensino que leva esse nome –, essa idéia é contrariada pelo mais simples exame da história.

Nessa palavra "história", peço-lhes, não ouçam o que lhes ensinaram sob o nome de "história da filosofia" ou do que quer que seja, que é uma remodelagem feita para lhes dar a ilusão de que as diversas etapas do pensamento engendram-se uma à outra. O menor exame prova que não é nada disso, e que tudo procedeu, ao contrário, por fissura, por uma sucessão de tentativas e aberturas, que deram a cada vez a ilusão de que se podia começar a discorrer sobre uma totalidade.

O resultado é que basta ir a qualquer livraria, livraria de antigüidades, pinçar qualquer livro da época do Renascimento. Abram-no, leiam-no de verdade, perceberão que três quartos das coisas que os preocupavam e que lhes pareciam essenciais, vocês sequer encontram mais o fio condutor delas. Em contrapartida, o que pode lhes parecer evidência foi engendrado em uma época que não é vinte, trinta, cinqüenta anos atrás, mas que não remonta aquém de Descartes.

Foi só a partir do sr. Descartes que aconteceram algumas coisas, de toda forma notáveis, em particular a inauguração da nossa ciência, ciência que se distingue por uma eficácia suficientemente penetrante para intervir até no mais cotidiano da vida de cada um. Mas na verdade talvez isso seja o que a distingue dos saberes precedentes, que sempre foram exercidos de forma mais esotérica, quero dizer que era privilégio, acha-se, de um pequeno número.

Quanto a nós, banhamo-nos nos resultados dessa ciência. As mínimas coisas que estão aqui, e até as cadeirinhas esquisitas em que vocês estão sentados, é conseqüência efetiva disso. Antes, faziam-se cadeiras com quatro patas como animais sólidos, era preciso que se parecessem com animais. Agora assumiram um aspectozinho mecânico. Vocês ainda não se deram conta disso, claro, faltam-lhes cadeiras antigas.

Então, exerço um ensino que se refere a alguma coisa que nasceu nesse momento da história e em séculos em que já se estava até o pescoço no contexto da ciência, antes mesmo que se pudesse dizê-lo como acabo de dizer. Trata-se da psicanálise.

Eu me exercitei para me colocar em uma posição de ensino bem particular, pois ela consiste em partir de novo sobre um certo ponto, um certo terreno, como se nada houvesse sido feito. A psicanálise quer dizer isso.

É que, em determinado campo clássico até então denominado "psicologia" e que pode obviamente ser explicado por todas as condições históricas precedentes, nada havia sido feito. Quero dizer, sim, fizeram uma construção elegantíssima e que pode servir, estando na base de um certo número de postulados que precisam sempre, por sinal, ser reconstruídos retroativamente. Em resumo, se esses postulados são admitidos, tudo vai bem, mas se alguma coisa é radicalmente questionada, nada mais funciona.

Não é a isso que meu ensino serve, mas de que é servo. Ele está a serviço, serve para valorizar alguma coisa que aconteceu e que tem um nome, Freud.

Acontece de acontecerem coisas que carregam um nome. Por si só, isso é um problema que não pode de forma alguma ser resolvido com a ajuda de noções como as chamadas influências, empréstimos, matéria. Claro, em muitos casos isso pode servir, saber quais são as fontes. Isso serve justamente no plano literário, no plano e na perspectiva dita *Universitas litterarum*. Aliás, isso não resolve absolutamente nada desde que surja alguma coisa que exista um pouco, por exemplo um grande poeta. É pura loucura querer abordar o problema em nome das fontes.

O ponto de vista "fontes" também pode servir no ensino corrente, o que chamei ainda há pouco de gênero "conferência". Só que de tempos em tempos há fissuras, há pessoas que, com efeito, souberam pegar emprestadas coisinhas aqui e ali para alimentar seu discurso, é tão-somente a essência desse discurso que parte de um ponto de ruptura.

Se meu ensino serve para valorizar Freud, e se declara a serviço disso, nesse caso o que querem dizer as fontes? Querem dizer precisamente que o que me interessa não é reduzir Freud às suas fontes.

Mostrarei, ao contrário, a função que ele teve como fissura. Naturalmente, no que diz respeito a enquadrá-lo, colocá-lo em seu lugar dentro da psicologia geral, há outros que se dedicam a isso, mediante o quê negligenciam a única coisa interessante, ou seja, por que Freud é um nome em torno do qual se prende essa coisa tão singular que ocupa o lugar desse nome na consciência de nossa época.

Por que, afinal de contas, o nome de Freud tem um prestígio da mesma ordem que o de Marx, sem ter tido, aparentemente, nenhuma de suas conseqüências cataclísmicas? Por que diabos? Por que há todo um campo onde a única coisa a fazer é evocá-lo e onde ele tem inclusive valor de ponto nodal? – concorde ou não com o que ele disse e com o que seria sua mensagem, eu diria, sem que se possa dizer a rigor o que isso quer dizer, afora uma espécie de mitologia que circula. Como esse nome pode estar tão presente em nossas consciências?

Que eu me apegue assim a valorizar Freud é coisa completamente diferente do que pode ser chamado de vitórias de pensadores. Claro, tem a ver com o pensamento, mas é alguma coisa que nos esclarece sobre o que já pode haver de surpreendente na incidência, na história de nós todos, dos efeitos do pensamento.

Isso poderia levar a crer que, uma vez que por ora são médicos que carregam o feixe da mensagem de Freud, não é ele o principal, mas as coisas concretas com as quais eles lidam, digo concretas no sentido que essa palavra tem como ressonância, coisas que são feitas, um pedaço, um bloco, qualquer coisa que se sustenha, enfim todos sabem, doentes, dizem que eles simplesmente têm coisas a tratar, algo que resiste.

Freud nos ensinou que, dentre esses doentes, há doentes do pensamento. Só que é preciso prestar atenção à função assim designada. Será que se fica doente do pensamento no sentido em que se diz "ele está pirado", no sentido em que isso se passa no nível do pensamento? Será que é isso que isso quer dizer?

Enfim, isso era o que se dizia até ele. Aí reside todo o problema. Fala-se de "psicopatologia mental". Há patamares no organismo, e há um patamar superior. No nível dos comandos, deve haver um fulano em algum lugar em uma salinha de onde ele pode apagar tudo o que está lá em cima no teto. É assim que se imagina o pensamento de certo ponto de vista sumário. Há em algum lugar alguma coisa que dirige e, se é nesse nível que isso enguiça, temos distúrbios de pensamento. Evidentemente, se tudo se apaga, isso engendra perturbação, mas nem por isso deixamos de estar bem vivos, vamos às apalpadelas até uma porta e consertamos isso. Eis a concepção clássica do doente do pensamento.

A expressão "doente do pensamento" pode ser tomada em outro registro. Poderíamos dizer "animais doentes do pensamento", como se diz "animais doentes da peste". É outra acepção. Não vou chegar a dizer que o pensamento em si é uma doença. Tampouco o bacilo da peste, em si mesmo, é uma doença. Ele a engendra. Ele a engendra para os animais que não são feitos para suportar o bacilo. Talvez seja disso que se trata. Pensar não é em si uma doença, mas há aqueles a quem isso pode deixar doente.

Em todo caso, o que Freud descobre é em primeiro lugar alguma coisa bem próxima disso. No nível da doença, há pensamento em circulação, e inclusive pensamento de todo o mundo, nosso pão e nosso vinho, o pensamento que partilhamos um pouco, aquele de que se poderia dizer – "Pensem uns nos outros". É desse pensamento que se trata. Fenômenos que constituem determinado campo de doenças, o das neuroses, devem-se estreitamente a esse "Pensem uns nos outros". Eis com que Freud se apresenta.

Uma tradição autodenominada, não sei por quê, filosófica quer que o processo do pensamento seja uma função autônoma, ou, mais exatamente, que não se situe, não se constitua senão da produção de sua autonomia a partir dessa escala, dessa pirâmide humana em que uns sobem nos ombros dos outros e que permitiu no curso dos séculos produzirem-se as condições de um puro exercício do pensamento, essencial de ser isolado para que o pensamento retome daí uma visada no sentido inverso sobre tudo de que teve primeiro de se preservar para garantir seu exercício correto.

Esse processo seguramente não é nada, uma vez que aparentemente foi dele que se engendrou no final o que é nosso privilégio, uma física correta. Mas tal como nos é representado, esse trabalho de cultura e isolamento que aponta para certa eficácia deixa completamente de lado o que se refere às relações do animal humano com o pensamento. Ora, ele está envolvido nisso desde a origem, e parece inclusive certo que, a partir do nível mais elementar, mais fisiológico, no sentido em que essa palavra designa as funções mais familiares, estas já estejam envolvidas com funções de pensamento, a título de manutenção, a título de coisa que é rolada, deslocada.

Em suma, o trabalho dos filósofos nos deixara supor que o pensamento é um ato transparente a si mesmo, que um pensamento que sabe pensar-se é o critério derradeiro, a essência de todo pensamento. Tudo que julgamos dever nos purificar, nos depurar, para isolar o processo do pensamento, isto é, nossas paixões, nossos desejos, nossas angústias, até mesmo nossas cólicas, nossos medos, nossas loucuras, tudo isso parecia ser testemunha exclusiva em nós da intrusão do que Descartes chama de corpo, pois, na ponta dessa depuração do pensamento, há o seguinte, nunca podemos perceber por nenhuma ponta que o pensamento seja divisível. Tudo viria do distúrbio introduzido por paixões no funcionamento dos órgãos. Este é o ponto aonde chegamos ao termo de uma tradição filosófica.

Muito ao contrário, Freud, ao nos fazer retroceder, nos diz que é no nível de nossas relações com o pensamento que convém buscar o móbil de toda uma parte, singularmente expandida, parece, em nosso contexto de civilização, de governar pela prevalência, pela expansão do pensamento de certa forma encarnada nos *brain-trusts*, como se diz. O pensamento é desde sempre encarnado, e isso também é perceptível para nós, no que nos parece o mais caduco, o mais dejeto, o mais inassimilável, no nível de certas falhas, que, aparentemente, parecem dever à função do déficit. Em outros termos, isso pensa em um nível em que isso não se apreende absolutamente como pensamento.

Isso vai mais longe. Se isso pensa em um nível em que não se apreende a si próprio, é porque não quer ser apreendido de modo algum. Prefere incontestavelmente desprender-se de si mesmo ainda que seja pensado. Muito mais ainda, isso não recebe absolutamente de bom grado as observações que poderiam vir de fora incitar aquilo que pensa a se reapreender como pensamento. É isso, a descoberta do inconsciente.

Essa descoberta foi feita numa época em que nada era menos contestável que a superioridade do pensamento. Em particular pessoas designadas, em certos registros, como nobres descendentes dos gregos e romanos, civilizadas, viam-se como homens finalmente chegados ao estágio de seu pensamento positivo, e dando um crédito, que a história nos mostrou excessivo, ao progresso do espírito humano e ao fato de que em certas zonas, por pouco que o tenham ajudado (um pouco), que lhe tenham estendido a mão, podia-se transpor uma fronteira e entrar no círculo dos homens que podiam dizer-se esclarecidos no mundo.

O mérito de Freud foi perceber que era preciso julgar isso de outra forma, e isso bem antes que a história nos tivesse efetivamente relegado a uma modéstia maior. Ela nos mostrou isto: que podemos ver claramente todos os dias desde tal e tal data, ou seja, que não há nenhuma espécie de área privilegiada no campo humano definido como o das pessoas providas do poder singular de manejar a linguagem. Sejam ou não civilizadas, elas são capazes dos mesmos arrebatamentos coletivos, dos mesmos furores. Continuaram em um nível que não há motivo algum para qualificar como mais alto ou mais baixo, como afetivo, passional ou pretenso intelectual, ou desenvolvido, como se diz. Todos têm a seu alcance exatamente as mesmas escolhas, suscetíveis de se traduzir nos mesmos sucessos e aberrações.

A mensagem que Freud carrega, por mais reduzida que seja por ser veiculada aos cuidados das pessoas mais ou menos limitadas que são seus representantes oficiais, não discorda seguramente em nada de tudo o que nos aconteceu desde sua época e que é de natureza a nos inspirar visadas mais modestas sobre a perspectiva de progresso do pensamento.

Freud não discorda em nada, permanece com sua mensagem, que talvez seja tanto mais forte em sua incidência quanto mais permanece no estado mais fechado, mais enigmático, mesmo que se tenha tido sucesso em lhe imprimir certa flutuabilidade graças a certo nível de vulgarização. Nesse nível em que o ser humano é um pensamento que felizmente possui essa secreta advertência no seio de si mesmo que ele ignora, as pessoas percebem que há na mensagem freudiana, mesmo sob a forma em voga no momento, transformada em pílulas, algo de precioso, alienado provavelmente, mas sabemos que a esta alienação estamos ligados, uma vez que é a nossa própria alienação.

Qualquer um que se dê ao trabalho de tentar chegar ao nível que essa mensagem alcança certamente despertará o interesse – a prova está dada, nem que seja pela coletânea de escórias que são meus próprios *Escritos* –, despertará singularmente o interesse das pessoas mais diversas, mais dispersas, mais estranhamente situadas, e, para resumir, de qualquer um.

Isso ocorre para espanto daqueles que querem que a literatura continue a ser feita para responder a certas necessidades. Eles se perguntam por que meus *Escritos* venderam bem. Quanto a mim, sou gentil quando um jornalista vem me perguntar isso, ponho-me no meu lugar, digo-lhe – "Sou como você, não sei." E depois lembro a ele que esses *Escritos* não passam de alguns fios, flutuadores, ilhotas, pontos de referência que apresentei de tempos em tempos às pessoas a quem ensinava. Deixei de reserva num cantinho o comprimido, para que eles se lembrassem que eu já havia dito aquilo em tal data.

Mas, afinal de contas, os *Escritos* interessam ao jornalista, que me informa que eles estão sendo lidos, isso é certo. Se interessam a tanta gente, talvez seja simplesmente em virtude do que eu disse ali. Evidentemente, no nível "necessidade", necessidade concreta, claro, que é o princípio de toda publicidade, todos se espantam. Por que teriam necessidade desses *Escritos* que são, ao que parece, incompreensíveis? Por que as pessoas teriam necessidade de um lugar onde percebessem que se fala do que elas não compreendem? Por que não?

Meu ensino, se a visada for valorizar Freud, não está evidentemente no nível do "grande público". O grande público não precisa de mim para isso. Isso funciona muito bem com o que fazem os outros, os colegas. Como acabo de explicar a vocês, não importa o que se faça, e inclusive deixando a responsabilidade das coisas para a corporação dos psicanalistas da qual sou um dos florões, não importa o que se faça, entendam como quiserem, e mesmo como eu entendo, Freud está bem presente.

O esforço do meu ensino até aqui não consiste em valorizar Freud no nível da grande imprensa. Não haveria motivo para isso, e na verdade não vejo por que eu próprio me teria imposto essa preocupação e esse esforço caso ele não se dirigisse aos psicanalistas.

O que lhes forneço é isto, em sua formulação mais vasta.

Preciso efetivamente considerar que o pensamento existe no nível mais radical e já condiciona pelo menos uma parte imensa do que conhecemos como animal humano.

O que é o pensamento? A resposta não jaz no nível em que se considera que sua essência é ser transparente a si mesmo e se saber pensado. Está no nível do fato de que todo ser humano ao nascer banha-se em alguma coisa que chamamos de pensamento, mas da qual um exame mais profundo demonstra com evidência, e isto desde os primeiros trabalhos de Freud, que é completamente impossível apreender aquilo de que se trata a não ser se apoiando sobre seu material, constituído pela linguagem em todo seu mistério.

Digo “mistério” no sentido em que nada está esclarecido no que se refere à sua origem, mas alguma coisa é perfeitamente dizível, ao contrário, referente às suas condições, seu aparelho, e a como é feita uma linguagem, no mínimo o que é designado como sua estrutura.

Negar que Freud partiu daí é negar a evidência, negar o testemunho que constitui para nós suas grandes primeiras obras, nominalmente a *Traumdeutung*, a *Psicopatologia da vida cotidiana* e o *Witz*, que traduzimos por *Chiste*. Freud inicialmente aponta o campo do inconsciente em fenômenos que aparentemente apresentam-se como irracionais e caprichosos, como rolhas: o sonho é absurdo, o lapso é ridículo, e derrisório o *Witz*, que nos faz rir não se sabe por quê.

Sou obrigado a ir rápido.

Se Freud nos dirige rumo ao campo da sexualidade enquanto especialmente interessado por todos esses fenômenos, nem por isso a estrutura e o material em pauta designam o inconsciente, uma vez que tudo isso acontece sem o menor socorro do que consideramos até agora como pensamento, isto é, algo capaz de se apreender a si mesmo como consciente. É efetivamente daí que parte Freud, e a báscula que ele introduz.

Isso coloca questões completamente novas.

A primeira de todas é saber se a própria consciência é de fato essa coisa que se pretende talvez a mais imponderável das coisas, mas seguramente a mais autônoma, e se o inconsciente não seria uma simples conseqüência, um detalhe, e um detalhe acometido de miragem em relação àquilo que se refere aos efeitos de uma certa articulação radical, a que apreendemos na linguagem, na medida em que talvez fosse de fato ela, afinal, que teria engendrado essa alguma coisa que está em questão sob o nome de pensamento.

Em outras palavras, o pensamento não deve ser concebido como uma espécie de flor apontando para o ápice de não sei que evolução, da qual mal se vê, de resto, o fator comum que a destinaria a produzir essa flor. Trata-se para nós de reinterrogar seriamente sua origem.

Em todo caso, seguramente o pensamento não se apresenta a nós, por ora, sob a forma de uma função qualificável em qualquer nível como superior. É, ao contrário, uma condição prévia no interior da qual é alojada da maneira possível toda uma série de funções animais, desde as mais superiores, como se diz, as que podem situar-se no nível do eixo neural, até as que se passam no nível das tripas e dos tubos, chamadas, não sei por quê, de inferiores.

Em outros termos, o que importa é voltar a questionar todo esse escalonamento de entidades que tende a nos fazer apreender os mecanismos orgânicos como algo hierarquizado, ao passo que de fato talvez deva ser situado no nível de certa discordância radical do âmbito de talvez três registros, que designo como o simbólico, o imaginário e o real. Mesmo suas distâncias recíprocas não são homogêneas. Inseri-los em uma mesma lista já tem algo de arbitrário. Não importa, contanto que esses registros possam ter pelo menos alguma eficácia na introdução da questão.

De toda forma, a partir do momento em que se trata do nível de certa paixão, sofrimento, a partir do momento em que se trata de um pensamento, do qual não conseguimos apreender em lugar algum quem o pensa como consciência, um pensamento que em lugar algum apreende-se a si próprio, um pensamento sobre o qual sempre se pode colocar a questão de quem o pensa, isso basta para que qualquer um que se introduz nessa estranha dialética renuncie, pelo menos para si próprio, à primazia do pensamento enquanto aquilo que apreende-se a si próprio.

Quero dizer que o psicanalista não deve apenas ter lido Freud mais ou menos, guardando em sua posse esses escaninhos do universo psicológico graças aos quais fica claro de antemão que "você é você e eu [*je*] sou eu [*moi*]", e eu [*moi*], em todo caso, uma vez que eu [*je*] sou psicanalista, sou naturalmente o grande esperto encarregado de conduzir você pelos labirintos de um palácio do qual deteria há muito tempo a familiaridade.

O psicanalista deve ser capaz, no nível de sua prática, de se presentificar a todo instante como aquele que sabe qual é sua dependência própria de um certo número de coisas que, a princípio, ele deve observar claramente em sua experiência inaugural, por exemplo sua dependência em relação a determinada fantasia. Isto, a princípio, está perfeitamente ao seu alcance. Ele não deve considerar que sabe, sob o pretexto de que é a título do que chamei de sujeito suposto saber que se vai descobri-lo. Ele não é consultado sobre o que está à margem de um saber qualquer, seja aquele do sujeito ou o saber comum, mas sobre o que escapa ao saber, precisamente sobre o que é para cada um o que ele não quer radicalmente saber.

Por que ele não quer saber – a não ser porque isto é alguma coisa que o põe em questão como sujeito do saber? Isso vale no nível da criatura mais simples, e, digamos, menos informada.

Que o psicanalista não julgue poder introduzir-se em uma questão dessas ao simplesmente aceitar o que lhe foi deferido como papel na forma do sujeito suposto saber. Ele sabe muito bem que não sabe, e que tudo que poderá forjar como saber próprio arrisca-se a se constituir como se ele fizesse uma defesa contra sua própria verdade.

Tudo o que ele construirá como psicologia do obsessivo, tudo o que ele encarnará em tal tendência dita primitiva, não impedirá que, à medida que a relação chamada transferência for levada mais longe, ele seja questionado sobre o modo fundamental que é o da neurose, enquanto este comporta o jogo escorregadio da demanda e do desejo. Nada seria capaz de se deslocar num caso se o psicanalista não sentir efetivamente que é pelo seu desejo que a demanda histérica se interessa, que é sua demanda que o desejo do obsessivo quer suscitar a todo preço.

Mas esse apelo, não basta que ele o responda demonstrando a cada um de seus questionantes que há formas que já são passadas e reproduzidas segundo a lei que regula as relações de cada um com o parceiro. Não basta que ele recue a questão rumo a não sei qual reiteração, sempre retroativa. Eis sem dúvida uma dimensão essencial para fazer o sujeito apreender o que deixou cair de si mesmo sob a forma de um núcleo irredutível. Mas, sem fermentação, tantas construções complicadas destinadas a dar conta das resistências, das defesas, das operações do sujeito, de tal e tal ganho mais ou menos considerável, podem representar apenas superestruturas, no sentido de construções fictícias.

Essas construções são destinadas exclusivamente a separar a análise daquilo por que, no fim das contas, ele está acuado. Isto significa que ele acaba representando para o sujeito aquilo a que o progresso analítico deve enfim fazer este renunciar, a saber, ao objeto ao mesmo tempo privilegiado e objeto-dejeto a que ele mesmo colou em si. Posição dramática, uma vez que no fim o próprio analista precisa saber eliminar-se desse diálogo como alguma coisa que cai dele, e cai para sempre.

Assim a disciplina a ele imposta é contrária à da autoridade científica. Não digo à do cientista. O cientista da ciência moderna tem com efeito uma relação singular com sua superfície social e com sua própria dignidade, que está bem longe da forma ideal situada no fundo que constitui seu estatuto. Todos sabem que o que especifica as formas mais atuais de pesquisa científica não é em hipótese alguma identificável ao tipo tradicional da autoridade científica, daquele que sabe e toca, que opera e cura apenas pela presença de sua autoridade.

Como é ridícula a voracidade com que alguns que escutam o que ensino há tantos anos já se precipitam sobre minhas formulações para delas fazer artiguetes, ninguém pensa em outra coisa a não ser nisso, em se enfeitar com minhas plumas, e tudo isso para se atribuir o mérito de ter feito um artigo que se sustenta de pé. Nada é mais contrário ao que se trataria de obter deles, ou seja, que conquistassem a justa situação de despojamento, de "desmuniciamento" eu diria, que é a do analista enquanto um homem entre outros, que deve saber que não é nem saber, nem consciência, mas dependente tanto do desejo do Outro quanto de sua fala.

Enquanto não houver analista que me tenha escutado o suficiente para chegar a esse ponto, tampouco haverá o que isso logo engendraria, a saber, esses passos essenciais que ainda esperamos na análise, e que, redobrando os passos de Freud, fariam-na avançar novamente.

Indicações biobibliográficas

A primeira conferência foi realizada em outubro de 1967 no Centre Hospitalier du Vinatier, em Lyon; a segunda, em 20 de abril de 1968, em Bordeaux; a terceira, em 10 de junho de 1967 na Faculdade de Medicina de Estrasburgo.

Uma transcrição da conferência lionesa foi reproduzida em 1981 em uma publicação fotocopiada do CES de psiquiatria da Faculdade de Medicina de Lyon-I; esta foi reproduzida com minha autorização na revista *Essaim*. Transcrições das duas outras conferências circularam.

O Asile du Vinatier, criado pela lei de 30 de junho de 1838 que previa um asilo de alienados em cada departamento da França, foi por muito tempo vítima de uma "imagem negativa" sob o nome de "Asile de Bron". Renovado após a Libertação, já havia se tornado o Centre Hospitalier du Vinatier quando Lacan lá esteve. O estabelecimento é desde então o primeiro centro psiquiátrico da região Rhône-Alpes.

O filósofo Henri Maldiney, nascido em 1912, por muito tempo professor na Universidade de Lyon, é vinculado à corrente fenomenológica. Dedicou-se à estética, escrevendo principalmente sobre poesia, belas-artes, a paisagem ocidental e a paisagem chinesa.

Havia em Estrasburgo um importante grupo lacaniano, desenvolvido a partir da segunda metade dos anos 1950 em torno de Lucien Israël, professor de psiquiatria e psicanalista. Este foi o incentivador do convite feito a Lacan.

Lacan foi a Bordeaux a convite de um grupo de residentes do Hospital Psiquiátrico (CHS) Charles-Perrens. A conferência foi realizada numa sala municipal situada em frente ao estabelecimento.

JAM

1ª EDIÇÃO [2006]

ESTA OBRA FOI COMPOSTA POR FUTURA
EM CASLON E LEGACY E IMPRESSA PELA UMLIVRO
EM PROCESSO DE IMPRESSÃO SOB DEMANDA
SOBRE PAPEL ALTA ALVURA DA SUZANO S.A. PARA
A EDITORA SCHWARCZ A PARTIR DE AGOSTO DE 2020